名人小时候的故事

追逐科学的梦想

李树芬　谭海芳 / 主编

中国少年儿童新闻出版总社
中国少年儿童出版社
北京

图书在版编目（CIP）数据

追逐科学的梦想 / 李树芬, 谭海芳主编. -- 北京：中国少年儿童出版社, 2025.1. -- （名人小时候的故事）. -- ISBN 978-7-5148-9248-2

Ⅰ.K811-49

中国国家版本馆CIP数据核字第2024FT4744号

ZHUIZHU KEXUE DE MENGXIANG
（名人小时候的故事）

出版发行：	中国少年儿童新闻出版总社 中国少年儿童出版社
执行出版人：马兴民	
责任出版人：缪　维	

策划编辑：白雪静	主　编：李树芬　谭海芳
责任编辑：王天晗	绘：刘　卓
版式设计：王点点	责任印务：厉　静
责任校对：田荷彩	

社　　址：北京市朝阳区建国门外大街丙12号	邮政编码：100022
编辑部：010-57526379	总 编 室：010-57526070
发行部：010-57526608	官方网址：www.ccppg.cn

印刷：河北赛文印刷有限公司	
开本：720mm×1000mm　1/16	印张：10
版次：2025年1月第1版	印次：2025年1月第1次印刷
字数：100千字	印数：1—5000册
ISBN 978-7-5148-9248-2	定价：39.80元

图书出版质量投诉电话：010-57526069　电子邮箱：cbzlts@ccppg.com.cn

目 录 CONTENTS

名人小时候的故事

画出母亲的孩子——顾恺之	1
长安"居大不易"——白居易	7
五两纹银逼出的书法家——米芾	13
痴迷于看"闲书"——吴承恩	19
女子并非不如男——秋瑾	25
爱犯迷糊的"小神童"——陈毅	31
"四只耳朵"的音乐奇才——聂耳	37
中西合璧的"才女"——张爱玲	43
看书止饿的阅读者——黄永玉	49
攀摘皇冠上的明珠——陈景润	55
会移动的黑板——安培	61
钢琴小神童——肖邦	67
中了"魔法"的小面包师——艾米莉·勃朗特	73

将"宝贝"装满衣袋——法布尔	79
伏尔加河边的学习迷——车尔尼雪夫斯基	86
最爱玩的优等生——科赫	92
拥有科学梦的小女孩——玛丽·居里	99
"鳄鱼"的求学生涯——卢瑟福	105
出格让我成功——香奈儿	111
自卑少年的自我超越——卡耐基	118
在绘画中自由飞翔——迪士尼	124
不按常理出牌的小画家——达利	130
七个小矮人的启示录——伯尔	136
翩翩起舞的天使——戴安娜	142
曾被篮球队除名的"飞人"——迈克尔·乔丹	148

画出母亲的孩子
——顾恺之

中国人

画家、绘画理论家

出生地：晋陵无锡（今江苏省无锡市）

生活年代：348年—409年（东晋）

主要成就：博学多才，尤其精通绘画，擅画肖像、人物、鸟兽、山水等题材；传世画作有《女史箴图》《洛神赋图》《列女仁智图》等

优点提炼：坚持，专注

  我叫顾恺之。母亲生下我之后就去世了。我的出生既给家人带来了喜悦，也带来了无尽的哀伤。父亲和祖母虽然对我呵护有加，但缺少母亲的失落和孤独感却一直伴随着我。

  随着一天天长大，我对母爱的渴望越来越强。每次看到别的小朋友和母亲一起出去游玩，向母亲撒娇，我就会心生羡慕，总奇怪自己为什么没有母亲。我带着这种疑惑问父亲："我娘在哪儿？我怎么从来都没有见过她呢？"

父亲握紧我的小手，有些支吾："你娘……她……她去外地了。等她回家后，你就能见到她了！"

听了父亲的话，我高兴得手舞足蹈起来："原来我也有娘。娘，你快回来吧！"

看着我雀跃的样子，父亲的脸色却更加凝重了。

自打从父亲口中得知母亲去外地的消息之后，我就一直盼着她回来。我经常坐在门口，呆呆地等待。这样过了好几年，我还是没有看到母亲的影子。我有些着急了，问父亲："爹，娘为什么还不回来，是不是她不喜欢我呀？"说完，我就委屈得哭了起来。

父亲轻轻地擦掉我脸上的泪水，无奈地摇摇头，说："你现在长大了，是该告诉你真相了。其实，你娘在生下你之后就去世了。"

父亲的话就像晴天霹雳一样，把我所有的希望瞬间都毁灭了。虽然我对"去世"这个词没有太深的理解，但也知道从此之后再也不会见到母亲了。

所有的情绪在那一刻突然释放出来，我的哭声越来越大。可是，这个消息并没有阻断我对母亲的思念。我多想知道母亲是什么样子啊！我向父亲打听有关母亲的一切，她的身材、五官、神态，她最喜欢穿的衣服颜色和款式……慢慢地，随着我对有关母亲的信息搜集得越来越多，我心目中母亲的样子也越来越形象了。

有一天，我脑中闪过了一个念头：如果我把母亲的模样画出来，不就每天都能见到她了吗？

有了这个想法后，我马上行动起来，按照自己的想象给母亲画了一幅画像。画像完成后，我迫不及待地拿给父亲看。可父亲只看了几眼，就摇着头说："不像！"

为什么会不像呢？我把搜集到的信息又在头脑中回顾了一遍，花了一个月时间，重新给母亲画了一幅画像。我想，这次应该跟母亲的模样差不多了吧？于是我又把画像拿着给父亲看。父亲仔细端详了一番，指着画像说："这一次，身材倒画得跟你母亲很像了，不足的是容貌和神态还不够逼真。"

听了父亲的话，我虽然有点儿小小的失望，但想到自己的画在朝母亲的真实形象一步步靠近，又有了信心。我决定再画一幅，一定要画得跟母亲一模一样。

这一次，我研究了好久才下手画，前后花了三个月的时间。我把重点放在研究母亲的五官上。这次应该画得跟母亲十分相像了吧？带着这种自信，我又把画像拿到父亲面前。

父亲拿着我的画，仔细看了好久："嗯，不错，比之前的都有进步。不过，我总觉得还有哪里不对……"

听了父亲的话,我的心里有些失望。为了给母亲画这幅画像,我前前后后花了快一年的时间,费了那么多心思,却还是画得不像。

看到我失望的眼神,父亲拍着我的肩膀,安慰道:"这段时间以来,你的努力可都没白费,你在一点点地进步。只要坚持下去,一定能画出你娘最真实的样子!"

说着,他一手摸着胡子,一手拿着画像,陷入了回忆。一会儿之后,父亲终于恍然大悟地说:"对了,是眼睛不太像。"接着,他用手比画着说,"你娘的眼睛是这样的,应该这样画才对。"

我按照父亲比画的样子仔细揣摩了一番,暗暗下定决心:一定要把母亲的样子分毫不差地画出来。

接下来，我花了半年的时间，又给母亲画了一幅画像。这次，我感觉母亲的体态、长相都很到位了。看着自己辛苦完成的作品，我抑制不住内心的喜悦，第一时间就拿去给父亲看。父亲拿着画像，眼中闪烁着泪花，激动地说："儿子，你做到了！这幅画跟你娘太像了！尤其是眼睛，把你娘的神韵都传达出来了！"

得到父亲的肯定，我开心极了，不仅因为我完成了一幅让人满意的画像，而是凭借自己的努力，我终于可以"见到"我的母亲了！

延伸阅读

倒吃甘蔗

人们常用"倒吃甘蔗"来形容事物"渐渐进入美好的境界"。可是，这个典故是怎么来的呢？那还得从大画家顾恺之说起。

顾恺之很喜欢吃甘蔗。不过他有一个习惯，每次都会先从甘蔗的"尾巴"，也就是秆梢那端吃起，越往头啃就越甜。而一般人都会先从最甜的甘蔗头开始吃，最后再啃甘蔗尾巴。

别人看到顾恺之的吃法与众不同,就问他为什么这么吃。顾恺之说:"这样吃才能越嚼越甜,渐入佳境啊!"

顾恺之的话意味深长,倒吃甘蔗的说法也就从此开始流传开了。其实,人生也应该先苦后甜,渐入佳境,越走越顺,越过越好。

长安"居大不易"
——白居易

中国人

诗人

出生地：河南新郑（今河南省新郑市）

生活年代：772年—846年（唐）

主要成就：唐代伟大的现实主义诗人，有"诗魔"和"诗王"之称；著有《白氏长庆集》，代表诗作有《长恨歌》《卖炭翁》

优点提炼：勤奋，努力，认真

我叫白居易，说起我这个名字，还有些来历呢。"居易"来自《中庸》的句子"居易以俟（sì）命"，意思是说处于平顺而无危险的境地时，要淡泊名利以等待上天的安排，不怨天，不尤人，不欺凌弱小，不攀附权贵。这是祖父给我取的名字，寄托了他对我的美好期望，希望我能坦坦荡荡地为人处世，做个君子。

我从小就和别的孩子有些不同。在我还不会说话的时候，乳母抱着我在屏风前玩。屏风上画满了画，乳母就指着画和题字告诉我这是什么，那是什么。我虽然还不会说话，但是已经有了记忆。我懵懵懂懂地觉得，这些画和题字都非常优美，便十分喜欢，一次次地闹着要乳母抱着我反复观看。久而久之，我再到屏风前，乳母不管问什么，我都能用小手准确地指出来。这让我的家人感到很惊讶。他们认为我从小就有悟性，便不断地给我讲故事、念诗。在这样的家庭环境熏陶下，我比一般的孩子更渴望学习知识。

稍微长大一些，我就央求家人送我去私塾读书。后来我终于如愿以偿，四岁就开始上学。虽然年纪小，但是我读书很认真。先生每教一篇诗文，我不仅要求自己能一字不漏地背诵下来，还要能领会其中的含意，做到对知识融会贯通才肯作罢。

因为深受家庭文化的熏陶，我最大的爱好就是文学，尤其喜欢诗词歌赋，对古人的名篇更是百读不厌。只要一看到好的诗词，我不仅喜欢大声地朗读出来，还会工工整整、一笔一画地抄写下来。兴致来了的时候，我甚至会整篇整篇地背诵下来。

不管是三伏酷暑，还是数九严寒，我从来没有消减过对诗词的热情。可是我的同学们都不理解我，觉得我是个怪人。

有一次，我正伏在桌子上认真抄写，一个同学走过来劝道："何必那么用功呢？不必当拼命三郎吧！"

我放下笔认真地告诉他："要学诗，就得先背诗。不下苦功怎么行呢？"

那个同学不以为然地撇撇嘴说："诗词有什么好的？又不能考取功名。"

我严肃地对他说："我来私塾学习，不是为了考取功名，而是为了丰富自己的知识。诗词是我的爱好，我一辈子都不会放弃它。"

听到我这样的回答，那个同学摇摇头走开了。我也不再争辩，继续埋头抄写。

就这样在日复一日、年复一年的坚持下，我的学问大有长进。从六岁开始写诗，到九岁的时候，我已经懂得声韵，能依照复杂的韵律写格律诗了。

每当我写好一首诗，就会跑到大街小巷或村头树下念给老婆婆们听。老婆婆们没读过书，不能领会太过复杂的句子，而我要的正是简洁明了。只要她们说听不懂，我就马上改，一直改到她们能听懂为止。

后来，村子里的人都喜欢听我念诗，夸我诗写得好，通俗易懂，朗朗上口，还叫我"小诗人"。但是我并没有满足，因为我知道"人外有人，天外有天"，要写出经典的诗句，可没那么容易。

十六岁那年，我带着自己的诗稿来到了都城长安。首先，我去拜见著名的老诗人顾况,希望能得到他的指点。

顾况一看我是个少年,就没把我当回事。他又看到诗稿上的名字是"居易",就开玩笑地说:"长安这个地方米价很高,在这里'白'白地'居'住,可不容'易'啊!"

我听了很生气,但还是顾及礼仪,回道:"在下虽是无名小卒,但诚意向大人求教,还望大人百忙之中指点在下的诗作。"

顾况见我如此认真的样子,反倒觉得我很可爱。他扑哧一笑,说:"那好,既然你说你是来请教诗词的,如果你的诗稿能让我赞叹一句,我就向你道歉。"

我把准备好的诗稿递给他,说:"好,一言为定!"

顾况随意地翻开诗稿，一口气读下去，但很快就惊呆了。只见我写的是："离离原上草，一岁一枯荣。野火烧不尽，春风吹又生。"

他立刻为我的诗拍案叫绝，同时也改变语气，郑重地向我道歉："刚才我是跟你开玩笑的，请你原谅。没想到你小小年纪就有如此才华，能写出这样好的诗句，在长安定能大有作为。'居'下去当然也是不难的！"

我接受了顾况的道歉，也和他结成了忘年之交。后来在顾况的指点下，我的诗词创作又有了提高，很快在长安出了名。后来，我考中进士，几年之后做了翰林学士，这就让我有机会写出更多、更好的诗词给大家诵读了。

延伸阅读

白居易西湖治水

唐朝时期，西湖还是一个未经疏浚的浅水湖泊。遇到干旱天气，很浅的湖水马上干涸，根本不够灌溉农田。可到了下暴雨的时节，西湖的蓄水能力又很差，经常发生洪涝灾害。

白居易到杭州担任刺史之后,下决心治理西湖水患。他带领民众疏浚湖底,修堤筑坝,终于在离任前两个月完成了这一壮举。

看着面目一新的西湖,白居易非常高兴,提笔写下了"最爱湖东行不足,绿杨阴里白沙堤"的诗句。这首诗后来广为流传,他所修建的白沙堤也成为西湖上的一个亮点,一直保存到明代。

现在人们所看到的"白堤",其实已不是白居易当年主持修筑的成果。但杭州人民为了纪念他,依旧把它命名为"白堤"。

五两纹银逼出的书法家——米芾

中国人

书法家、画家

出生地：山西太原

生活年代：1051年—1107年（北宋）

主要成就：北宋四大书法家之一，代表作有《蜀素帖》《张季明帖》《李太师帖》等

优点提炼：专注，钻研，好学

我叫米芾（fú）。怎么样，这个名字听起来是不是有点儿特别？小时候，我就经常因为这个名字被人开玩笑，他们总叫我"米糊"。我只好对他们解释："不对，不对，我叫米芾！"大人们看我不过

三四岁，就故意对我说："真的吗？那你会不会写自己的名字呢？"我随手找来一根木棍，在沙地上写写画画，很快就把自己的名字写好了。

其实，在我两三岁的时候，母亲就开始教我认字、写字和画画了。在母亲的精心教育下，我对书画的兴趣越来越大。就连玩耍时，我也总爱在地上随手写写画画。

大约在我四五岁的某一天，父母带着我进城，想让我见识一下外面的世界。在路过杨府里附近的一座石板桥时，母亲累了，提出休息一会儿。我闲着没事，平常的小嗜好又开始"发作"了。趁着大人休息的时间，我在桥上画了一只小老虎。等大人们休息够了，我又随着他们继续在城里逛。慢慢地，这件事情也就被我忘到了脑后。

过了好一段时间，我再次跟着父母经过杨府里时，听到前面的人说："不要走石板桥了，那边有一只老虎，得绕道行走。"

我听了，心想：这老虎不会就是我之前画的那只小老虎吧？

于是，我怀着忐忑的心情朝石板桥走去。远远地，我隐隐约约看到一只小老虎；待靠近点儿时，才确定那果然是我画的。为了消除这个大大的"误会"，我赶紧跑过去把它擦掉了。从此以后，大家才知道这里并没有真正的老虎，而我画虎逼真的事情也就在周围传开了。

虽然我的画技得到了大家的认可，但是我的书法却始终没什么长进。私塾先生教了我两三年后，失望地呵斥我："再这样下去，你只能回家放牛了！"

听到先生的呵斥，我心里十分难受，暗暗下定决心要发奋习字，不能被先生看扁了。

一天，我听说村里有一位秀才写字很好，于是就拿着自己临的字帖前去请教。

秀才翻看了我的临帖后，说："想跟我学写字可以，但是你得买我的纸。我的纸可贵了，要五两纹银一张。"

我倒吸了口冷气，心里默默念着："哪有这么贵的纸啊！"但想到如果真能得到他的指点，写字水平有所提高，那也就值了。于是，我一咬牙，凑足了五两纹银，从秀才那里买了一张纸。

秀才把纸递到我手上，认真地说："你回去好好写。三天后写好了，我就去检查。"

我捧着这张昂贵的纸回到家，左看看，右看看，却不敢轻易下笔，生怕写不好，把纸浪费了。后来，我灵机一动，想到一个好办法：我用没蘸墨水的笔在纸上画来画去，反复地琢磨着，把每个字的神韵都深深地印在了心里。

就这样，三天过后，我仍然坐在桌前，握着笔，望着字帖出神。可在我的心里却已经默默地写了好多遍了。

"你怎么一个字都没写？"秀才走进来问道。

我这才想起三天期限已到，只好喃喃地说："我担心把纸弄废了。"

秀才听了哈哈大笑，说："好了，琢磨了三天，写个字让我看看吧！"

我提笔写了个"永"字，竟然比我以前写的字好上百倍！秀才看到我写的字，满意地点了点头，问道："为什么你练字三年都没长进，这三天却能突飞猛进呢？"

"因为这张纸贵，我可不敢像以前那样随便写，而是用心把字琢磨透了才下笔！"说完，我都为自己说出的话感到惊讶。

秀才接着说道："对，写字不仅要动笔，还要用心；不但要观其形，更要悟其神。心领神会，才能写好字。"

听了秀才的话，我恍然大悟，连连点头。秀才从我手中接过笔，在"永"字后添上："（永）志不忘，纹银五两。"之后，他又从怀中掏出那五两银子，把这买纸的钱还给了我。我感动得热泪盈眶。

从此以后，我每次动笔之前都会潜心研究文字的神韵。于是，我的书法造诣便一路突飞猛进。

延伸阅读

爱字如命

米芾可以说是爱字如痴，甚至爱字如命。

有一次，米芾乘船过河，遇到一个名叫蔡信的书生。蔡信有一幅王羲之的字帖。米芾看到了，一心想要把它弄到手。于是，他取下身上的金佩环，说："我想用我的金佩环换取你那幅字帖，可以吗？"

蔡信也不是平庸之辈，知道这幅字帖价值的珍贵，当然不愿交换。

米芾没有放弃，软磨硬泡说了很多好话，可蔡信就是不肯答应。最后米芾急了,对蔡信说:"你要是不肯成全我,那我就只有一死了!"

说着,米芾就要往河里跳。蔡信被米芾的举动吓出一身冷汗,赶紧一把拽住他。看到米芾如此爱字,蔡信深受感动,最终没有要钱,就把那幅王羲之的字帖送给了米芾。

痴迷于看"闲书"
——吴承恩

中国人

小说家

出生地：淮安府山阳县（今江苏省淮安市）

生活年代：约1504年—约1582年（明）

主要成就：以唐代玄奘和尚到天竺（古印度）学习佛教的经历为蓝本，在民间传说的基础上，创作了四大名著之一——《西游记》

优点提炼：兴趣广泛，爱好民间文学

我爸爸是个开绒线铺的小商人，不过这并不是爸爸想要的生活。他特别喜欢读书，只是因为家里太穷，供不起他上学，才被迫辍学做起了生意。

我出生以后，他把光宗耀祖的希望寄托在我身上，特意给我起名叫"承恩",意思是"金榜题名,承受皇恩"。

我上学以后,学习非常勤奋,能一目十行,过目不忘,在周围十里八乡很有名气,大家都说我将来一定能高中状元。我不光诗文作得好,而且字写得也很好,还特别喜欢绘画。

有一天,我又犯上了画瘾,连着画了好几个时辰也不休息。妈妈见我跟着了魔似的,怕我累坏了,想让我轻松一下,就说:"承恩,你歇会儿。我给你讲一个故事。"

我没有动。妈妈又叫了几次,我才恋恋不舍地放下手中的画笔。

妈妈把我搂在怀里,说:"讲什么呢?给你讲一个无支祁的故事吧。"

"无支祁？无支祁是什么东西？"我眨着眼睛好奇地问。

妈妈接着说："咱们家北面不是有条淮河吗？无支祁是生活在淮河里的一种水怪。很多很多年以前，有人发现在淮河边上的龟山脚下有根大铁索，感到很奇怪，就报告了刺史大人。刺史大人派人用十头牛拉着铁索往上拽，拽呀拽呀，最后拽出了一个像猿猴一样的猛兽，它有五丈多高，扁额头，塌鼻梁，灰白的脑壳，身体是青铜色的，牙齿雪白，金黄色的眼睛射出像闪电一样的亮光。人们当时都被吓跑了。后来请教一个特别有学问的人，大家才知道这个水怪就是无支祁，《山海经》这本书记载了它的来历。无支祁神通广大，在水中游得跟飞一样快，在天上能腾云驾雾。它的力气非常非常大，九头大象也不是它的对手。后来大禹派人好不容易才把它擒住了，可无支祁还是乱蹦乱跳，谁也管不住它。于是大禹用铁索锁住了它的脖子，用金铃穿在它的鼻子上，把它压在淮河下游的龟山底下了。"

妈妈的故事讲完了。我却被故事生动离奇的情节吸引住了，简直入了迷。我央求妈妈再讲一个故事，妈妈又娓娓动听地讲了起来。就这样，妈妈给我讲了许许多多的民间故事和神话传说，给我留下了深深的印象。特别是无支祁，它的形象一直活跃在我的脑海里，赶也赶不走。

从那以后，我对神仙鬼怪、狐妖猴精之类的故事产生了浓厚的兴趣，开始找一些《山海经》《百怪录》之类的书来看。当时学堂里教的都是"四书""五经",而我喜欢的这些书都被称作"闲书",是不准我们看的。爸爸虽然喜欢看书,但也不同意我看这类"闲书",说我不务正业。有天晚上,我做完功课,又抱着一本"闲书"津津有味地看了起来。书里那些神奇的故事是枯燥无味的正经书里所没有的。

就在我读得如痴如醉的时候,爸爸推门进来了。他见我又在看"闲书",怒气冲冲地说:"你怎么光读这种书?这对你的学业有什么好处?将来科举考试的时候,这些乱七八糟的东西能帮你高中吗?"

我心里不服气,可又不敢顶嘴,只好站在那里不说话。爸爸见我这样,气也消了一些,问道:"你的功课做完了吗?"

我说:"做完了。"

爸爸仔细检查我的学习情况,我对答如流,令他无可挑剔。爸爸还是不放心,又再三叮嘱我少看这些"闲书",更不能影响功课,然后才让我休息。

我不光在家里看"闲书",在课堂上也偷着看。先生每次发现我在上课的时候偷看"闲书",都会让我罚站,或用板子打我手心,甚至没收我的书。不过,先生的责罚我并不在意。后来,能借来看的"闲书"都让我借遍了,我就走街串巷去搜寻那些描写鬼怪神灵的民间神话和传说,有时去逛旧书摊,有时去听老人们讲故事,乐此不疲。

有一次,我找到一本叫作《大唐三藏取经诗话》的书,看得爱不释手。这本书写的是唐朝和尚玄奘去西天取经的故事,里面还有一个猴行者，跟无支祁一样神通广大。我特别喜欢书里那些神奇的故事，但又觉得情节有些太简单，心想：我要是能把这个唐僧去西天取经的故事重新改写一下，再加一些民间故事和神话传说进去，写成一部又长又惊险的书，该多好啊！自从我的脑海里有了这个想法，就再也甩不掉了。

后来嘛，我当然是把这部书写出来了，就是老老少少都爱看的《西游记》。

延伸阅读

寻找"花果山"

吴承恩经过长期构思和材料搜集，开始创作《西游记》了。里面的主要人物孙悟空是只猴子。猴子应该住在山上，可他没见过山，怎么写呢？

他听说淮安东北两百里远的地方有座云台山，于是决定去看看。他离开家乡，赶到海州（现在的连云港市附近），才听说云台山还在海里，与陆地并不连接（因泥沙多年填积，现在已经与大陆相连）。他在海上漂泊了一天一夜，才登上云台山，住在一座庙里。吴承恩在山上四处寻游，偶然发现一座山峰，上面花草繁多，果木茂盛，既壮观又漂亮。他询问一位打柴的樵夫，得知这座山峰叫蔷薇峰，山峰下面还有一个神秘的山洞。吴承恩请樵夫当向导，进入了那个神秘的山洞。樵夫说，传说在很久以前，一只老猴子带着一群小猴子到蔷薇峰找果子吃。老猴子看见一条瀑布从山顶直泻下来，就冲过瀑布，发现了这个山洞。这个山洞上面是山，下面是水，洞口挂着一条透明的水帘，是个隐秘安全的好地方。后来，老猴子让所有的小猴子都搬到这里住，自己在洞里当起了猴王。

　　樵夫的描述引起了吴承恩的极大兴趣。后来写作《西游记》时，他就把蔷薇峰当作孙悟空的"老家"，取名花果山；挂着水帘的山洞，就取名为水帘洞。

女子并非不如男
——秋瑾

中国人

民主革命家

出生地：福建云霄（今福建省云霄县）

生活年代：1875年—1907年（清末期）

主要成就：倡导妇女权益，组织光复军起义

优点提炼：志向远大，文武双全

我的祖父和父亲都做过清朝的官员，因此我的家境比较富裕，称得上是诗书世家。我很小的时候就进入家塾，念《三字经》《百家姓》《神童诗》等。但我爱读的却是那些豪放不羁的诗词和惊心动魄的传奇小说。

我从小过目不忘，诗词、小说看一遍就能记住，祖父和父亲都为此惊喜不已。有一次，祖父看我捧着李清照的诗词在认真诵读，就问我："玉姑，你觉得李易安（李清照号易安居士）的诗词怎么样啊？"

我想了一下，回答他："别人都说李易安写的那首《声声慢》最好，但我觉得像'寻寻觅觅、冷冷清清、凄凄惨惨戚戚'这样的词句太过凄冷，缺少豪迈气。"

祖父见我年纪不大，说起话来却老成稳重，便继续问："那你觉得她哪一句最好？"

"我最喜欢的还是这一首：'生当作人杰，死亦为鬼雄。至今思项羽，不肯过江东。'"念完之后，我又说，"我虽是女儿身，却要像项羽一样做个大英雄。"

祖父听后仰天大笑，连连夸道："好，好，我家玉姑有志气，从小就要学楚霸王。"

趁着祖父高兴，我又把自己写的几首诗拿出来让他指正。祖父坐在太师椅上，捻着长长的胡须欣赏，不时地点评几句。当他看到"莫重男儿薄女儿，始信英雄亦有雌""今古争传女状头，红颜谁说不封侯"这几句时，觉得颇有气概，问我想表达什么意思。我说："这两句诗写的是明朝末年的女英雄秦良玉和沈云英。她们虽为女儿身，却做出了惊天动地的大事业，一直是我的榜样。"

祖父听完叹息着说："如果我家玉姑是男儿就好了，只怕将来还能中状元！"

祖父为我是个女孩子而惋惜，我身边的表姐妹也为自己是女孩子而自哀自怜。有一次，表姐到我家玩耍。我们一起聊天儿的时候，她说到自己没有地位，没有自由，像笼中的金丝鸟一样被人圈养，无法展翅翱翔，去看大千世界。

我鼓励她说："女孩子的聪明才智其实并不输给男儿，只是因为女子没有机会读书，缺乏知识和谋生的手段，只能依靠男人吃饭，这才受人欺负。"

表姐却表示无可奈何："可这又有什么办法呢？几千年形成的传统，不是靠你我几个人可以改变的。"

我当即立下誓言："我一定要改变这个传统，让大家对女子刮目相看。"

父亲知道了这件事，非常不高兴。他是传统的士大夫，虽然允许我读书，但却希望我以后出嫁相夫教子。他将我叫到面前，问道："《女诫》看了没有？记住了吗？"

我从容答道："不但看了《女诫》，还看了《史记》和《汉书》。"

父亲转过话头，嗓音陡然提高："既然看了这么多书，那么，'女子无才便是德'这句话你忘记了吗？"

我不服父亲的管教，大声辩驳道："可是写《女诫》，续编《汉书》的班昭就是女子！若是她无才，《汉书》就编不成了。还有蔡文姬、谢道韫、李清照，都是才女，梁红玉、秦良玉都是将才。这样的女子，难道不应该受到我们的尊敬和推崇吗？"

父亲没想到我会当面顶撞他，顿时大发脾气。他正要呵斥我，有人进来说："舅老爷来了。"他这才撇下我，急忙迎客去了。

我听说舅父来了，也赶忙跑了出去。我早就听说舅父和表兄都精通武术，私下里羡慕不已。现在他们来了，我可不能错过这个机会。

等到空闲的时候，我就对舅父说："舅父，我想跟你学武。"舅父早就知道我有男儿脾气，也不惊讶，只是说："那你要征得父母的同意才行。"

父亲当然不同意，大发雷霆，说哪有女子学武的道理，不在家学习针线活儿，将来怎么嫁人。母亲十分疼爱我，架不住我苦苦哀求，最终说服父亲，同意了我的请求。

我欣喜若狂，简单收拾行李，就去浙江萧山跟随舅父习武。开始习武前，舅父对我说："你虽然是个女孩子，但既然来这里学武，就不要怕吃苦。若是你叫一声苦，我就不会再教你了。"

我点点头，说："放心，我绝对不会叫苦的。"

话虽然这样说，但是第一天下来我就差点儿坚持不住了。因为我和其他女子一样，都是从小缠了脚，别说练武，就是走路都得小心翼翼。晚上睡觉时，我脱下鞋子，发现裹脚布上渗满了鲜血，真是触目惊心、疼痛难忍啊！

那一瞬间，我已经想到了放弃，但转念又想：我若是就这样轻易放弃，肯定会被人轻视。要想超越男子，我必须付出更多的努力。

此后，我天不亮就起床，跟着舅父晨练，咬牙坚持。几个月后总算有了点儿成效，刀枪棍棒都练得很娴熟。于是，我又开始学习骑马。我求胜心切，刚跨上马背就想让马飞奔。我两腿一夹马肚子，那马猛地向前一蹿，就把我从马背上甩了下来。

我的膝盖摔得青肿，手上也破了皮，但还是咬紧牙关说："没事，一点儿都不疼。"

经过了几年的苦练，我终于学成出师了。我经常想，我这样努力是为了什么？后来我想到一句话，作为这个问题的解答："这不是我个人的事，而是为了天下女子。我要让大家都知道，女子并非不如男！"

延伸阅读

鉴湖女侠

秋瑾能文能武,自号鉴湖女侠。

在一次聚会的时候,她遇见了光复会的创立者陶成章,大家在一起喝酒聊天儿,讨论中国未来的发展道路,十分投机。秋瑾趁机提议说:"我想加入光复会,为革命奉献自己的力量,你看怎样?"陶成章瞟了瞟她,说:"革命不是儿戏,你一个女人家,舞刀弄枪的怕不合适。"

秋瑾眉头一皱,也不答话,拔出腰间长刀,乘着酒兴起舞。只见刀光闪闪,又听风声呼呼,在座的所有人,无不交口称赞。陶成章心服口服,说:"没想到你不光见识深远,而且武艺超群。果然是巾帼不让须眉。我代表光复会同意你的加入请求。"

就这样,秋瑾如愿加入光复会。

爱犯迷糊的"小神童"——陈毅

中国人

无产阶级革命家、军事家、外交家、诗人

出生地：四川省乐至县

生活年代：1901年—1972年

主要成就：党和国家的卓越领导人、中华人民共和国十大元帅之一

优点提炼：学习认真，记忆力强，爱动脑筋

1901年，我出生于四川的一个农民之家。出生后，父亲希望我能成为一个才智出众的杰出人物，因此给我取名陈世俊，号仲弘。上学后，我十分喜爱读北宋文学家苏洵的文章。苏洵字明允，我就将"明允"倒

过来，给自己改名为"陈允明"，以表示对苏洵的敬仰。

不过，我后来又改了名字，那是我十八岁远赴法国留学时的事。一天，我读到"士不可不弘毅"这句话，了解到作为一个有抱负的人，不可以不刚强而有毅力，进而让我深有感触。于是我改名"陈毅"，以此警醒自己，让自己要有毅力，始终坚持真理。

这种觉悟我可不是长大了才有的。小时候，我就是个勤奋好学、有毅力的人。我常常看书入迷，到了废寝忘食的程度。

记得有一次，我和家人一起到亲戚家过中秋节。进门后，我发现亲戚家有一本自己渴望已久的书。于是，我不顾跋涉几十里的路途辛劳，也不顾自己还是个初来乍到的小客人，便一头扎进房间，拿起那本书就专心致志地读起来。

我一边读书，一边用毛笔做笔记。我读得越来越入神，完全忘了时间。不知不觉到了吃饭的时间，亲戚几次催我去吃饭。可我实在舍不得放下手中的书，也忽略了在向我抗议的肚子，任凭它"咕噜咕噜"乱叫。最后，亲戚也只好把蒸好的糍粑和糖都端到书桌上来给我吃。

因为肚子实在太饿了，我就拿着糍粑蘸了点儿"糖"往嘴里送。过了一会儿，亲戚又给我送面条来了。突然，我听到一声尖叫，这才把注意力从书上移到门口。这时，几乎所有的人都聚集到了门口。大家看着我的样子，都哈哈大笑起来。我莫名其妙地看着大家，然后再看看手中的糍粑，这才明白是怎么回事。原来我把墨汁当成糖，蘸着糍粑吃了。

我尴尬地笑了笑,说:"喝点儿墨水没关系。我正好觉得肚子里的墨水太少了呢!"

这样的笑话在我身上可不止发生过一次。还有一次,我正在看书,母亲交给我一个篮子,说:"去帮我买点儿绿豆回来。"

我舍不得放下手中的书,于是就拿着书上路了。我一边走,一边看书。到了街上,我直奔商店,买了豆子就往家走。

回到家,母亲看着篮子里的豆子,一脸苦笑地说道:"你这是买的什么豆子啊?"

我这才发现,自己买的根本就不是绿豆,只好不好意思地笑笑,糊弄过去了。

大家千万别因为我有点儿小迷糊，就小看我哦！其实，我读书可是很有天赋的，记性尤其好。

在私塾念书时，老师是个老秀才，学问渊博，教学严谨。如果有学生不守纪律，或没有按时完成作业，他都会严厉责罚。也因为这样，同学们都非常害怕他。但我却一点儿都不害怕他，因为我对那些难懂的文言诗书有着特别的爱好。凭着我超乎常人的记忆力，老师所教的古文，我只需要回家熟读三遍，就能行云流水般地背出来，虽然我还不太明白它们的真正含义。也正因为如此，我常常得到老师的表扬。这样一来，我对念书、背书的兴趣也就更加浓厚了。

在私塾待了一年多，我就读完了"四书"——《论语》《孟子》《大学》《中庸》。因为我聪颖好学，成绩又出类拔萃，就被同学们称为"小神童"。

但是"神童"也会遇到一些无法解决的困难。因为家里贫穷，我连买纸练字临帖的钱都没有，这可愁坏了我的父母。刚开始时，我也会因为没钱而发愁，但没过多久，我就想出了一个好办法：让父亲买价格便宜的草纸，蘸着米汤在草纸上写字。写完后，我就拿出去晒干。等到第二天，我就又能继续在草纸上写字了。这可为家里节省了不少钱，既减轻了父母的经济负担，也解决了我练字临帖的问题。

老师对我的书包里总装着一大沓草纸感到很奇怪。终于有一天，他向我问起这件事。我于是回答说："我是在用草纸练字啊！"

老师掂量了一下我的书包，好奇地说："我来称一下有多重吧！"

我掏出书包里的草纸，用秤一称，竟然足有一斤多重。老师看着我，赞赏地说："这纸上不仅是你用米汤写的字，更凝聚着你的心血啊！"

我相信，付出一分努力，就有一分收获，比别人付出更多的努力，就会收获更多成功。

延伸阅读

空白的发言稿

陈毅的口才很好，经常不打底稿，却能出口成章，并以他特有的幽默风趣打动听众。

可是就是以出众的口才让大家折服的陈毅，却在一次会议上拿着一份手稿，还不时认真地低头看看稿纸。

有人见了，觉得很奇怪：陈毅发言怎么还会需要稿子啊！他走近一看，才发现陈毅手中的稿纸上竟然是空白的，一个字都没有。这更让他觉得奇怪了。于是，那人干脆走上前问道："陈老总，您的发言稿上怎么一个字都没有啊？"

陈毅笑笑，说道："这种正式场合，我不用稿子，别人会以为我没有严肃对待，是信口开河啊！"

这样显得正式！

"四只耳朵"的音乐奇才——聂耳

中国人

音乐家、作曲家

出生地：云南省昆明市

生活年代：1912年—1935年

主要成就：创作了数十首革命歌曲，其中《义勇军进行曲》后来成为中华人民共和国国歌

优点提炼：对生活充满激情，工作不怕苦累

我很小的时候，父亲就过世了，母亲独自支撑着父亲留下来的药店。她没有上过一天学堂，但是自学成才，可以读书识字，还学会了医术。父亲去世之后，她就开始坐堂把脉问诊，借以养家糊口。

每天晚上，勤劳乐观的母亲结束了一天的忙碌，就给我们唱小曲

儿。她一边做针线活儿，一边用婉转悠扬的花灯调唱《孟姜女哭长城》，或者用激昂慷慨的滇剧曲牌唱《岳飞》《花木兰》。动听的乐曲加上引人入胜的歌声，像种子一样播撒在我心中，慢慢生根发芽，使我对音乐的兴趣越来越浓厚。

后来，我放学回家时路过一座寺庙，被里面传出的诵经音乐迷住了。庙里的乐师们正在演奏"洞经调"，虽然是庙堂音乐，却非常动人。那曲调时而高昂欢快，时而低沉忧伤，穿插其间的打击乐更是节奏明快，动人心弦。

我那时年纪小，不懂得鉴赏，但是可以感觉到音乐像调皮的孩子一样，使劲往我脑海里钻，敲打着我的神经，震撼着我的灵魂。音乐真的是世界上最美妙的东西！

我听得如痴如醉，迷迷糊糊地站在庙门外，久久不愿离去。直到曲尽终场时，我发现乐师中有个吹笛子的人是我曾经的邻居邱木匠，不禁喜出望外。

第二天，我就带着纸和笔，恭恭敬敬地上门向邱木匠请教："邱师傅，我想跟着您学习吹笛子，不知道可不可以？"

邱师傅倒是还记得我，叫着我的小名说："小信，学习音乐是要下苦功的，可不能半途而废哦！"

我认真地点点头，说："我不光要把笛子学好，还要学会其他所有的乐器。"

邱木匠见我言语诚恳，而且有决心，就不再推辞，开始教我吹笛子。跟着邱木匠学了几个月，我不仅学会了吹笛子，还学会了拉二胡，弹三弦和月琴。

从那以后，我一发而不可收，对音乐的痴迷简直到了忘我的程度。

除了跟师傅学习，我和两个哥哥还组织了家庭乐队。晚饭一过，我们便在阁楼上演奏各种民族歌曲，常演奏的有《苏武牧羊》《昭君出塞》《梅花三弄》，都是大家耳熟能详的曲子。那或委婉或悲壮的旋律，袅袅回荡在绿树成荫的古街上，吸引了不少路人驻足倾听。

母亲也是我们的忠实听众，不过她忙于各种生活琐事，很少有闲暇时光来好好欣赏。有一次，我和哥哥们商量："妈妈每天这么辛苦，赚钱养活我们大家，我们要写一首歌来感谢她。"

两个哥哥都拍手称赞，说："小信，你这个想法不错。妈妈一个人照顾药房，又要忙屋里屋外的事情，是应该写首歌感谢一下她。"

我说："这首歌应该有自己的特色，是别人从来没有用过的。"

"嗯！"大家都表示赞同。但是我们三个人思索良久，也没有想到用什么合适的形式来写这首歌。

有一天清晨，我睡得正香，却被院子里的鸡鸣吵醒了。我灵机一动，心中有了好点子。我把两个哥哥叫过来，说："我们何不把生活中的一些声音融入音乐呢？这些声音是妈妈经常听到的，但她从来没有心情去用心聆听。如果我们把它加工成音乐，一定很有意思。妈妈听了肯定会很开心。"哥哥们都很支持我的提议。

说干就干，我们用心地收集各种声音，然后凑在一起，讨论怎么加工、提炼。就这样，一首全新的曲子很快诞生了。

某天傍晚，阁楼里响起了不一样的音乐。先是几声鸡鸣，接着是犬吠、羊叫，甚至还有猪发出的"哼哼"声。各种叫声都很逼真，其实都是用乐器演奏的。周围邻居们听了都很纳闷儿，虽然不知道这是什么曲子，但是感觉非常新奇有趣。母亲也被我们的这个小创意逗乐了，露出了难得一见的笑容。因为她知道，我们是用这种方式让她明白，她并不孤单！

空闲的时候，我们还会带着乐器外出游玩，到西山、金殿等风光秀丽的地方练习合奏。我们最喜欢的还是坐在翠湖堤上，或者合奏，或者独奏，或者唱歌，从早到晚也不觉得疲惫。

我的耳朵听音符特别敏锐，一点点细微的差异都可以准确地捕捉到。演奏乐曲的时候，我的耳朵会跟着节奏一前一后地运动，加上我很有表演天赋，常配合着旋律表演各种滑稽的动作，令观众们看得捧腹大笑，所以大家都叫我"耳朵先生"。

我笑着说："我本来就有三只耳朵（"聂"字的繁体字是由三个"耳"组成的），你们还要送我一只。也好，我现在有四只耳朵了。难怪我这么喜欢音乐！"于是，我干脆将自己的名字由聂守信改成了"聂耳"，还在自用的便笺上印上"耳、耳、耳、耳"四个字。看到的人无不会心一笑。

延伸阅读

国歌的由来

田汉和聂耳是一对默契的搭档。田汉作词，聂耳作曲，两人合作创作了很多脍炙人口的歌曲。

1935年，田汉创作电影《风云儿女》。剧本刚刚完稿，他却被捕了。当时，聂耳正准备去日本。临走前，他见到导演许幸之，问："《风云儿女》谁来作曲？"还没等许幸之回答，他又说了第二句话，"我来写吧。我到日本后会尽快将曲稿寄回来，不会耽误电影摄制的。"

聂耳果然没有食言，没过多久，他就从日本寄回了《义勇军进行曲》的曲稿。这首歌一经问世，就因其奋进的词文和激昂的曲调，迅速传遍祖国大地，并远播海外。

1949年新中国成立后，《义勇军进行曲》成为中华人民共和国代国歌。2004年3月14日，第十届全国人民代表大会第二次会议正式将《义勇军进行曲》作为国歌写入《中华人民共和国宪法》。

中西合璧的"才女"——张爱玲

中国人

中国现代作家

出生地：上海

生活年代：1920年—1995年

主要成就：创作大量文学作品，包括小说、散文、电影剧本以及文学论著等；代表作有《半生缘》《倾城之恋》《红玫瑰与白玫瑰》等

优点提炼：天资聪慧，执着追求作家梦

1920年9月30日，我出生在上海公共租界的一幢仿西式豪宅中。可以说，我是含着金汤匙出生的名门之后。我的祖父叫张佩纶，听说是当时赫赫有名的清流派（清末光绪年间的一个政治派别，标榜清廉刚正，敢于上疏直言，评议朝政）代表。祖母则是名震天下的北洋大

臣李鸿章的女儿。我的母亲也出自名门望族。但是，显赫的家世并没有给我带来安稳的生活，反倒让我小小年纪就有了丰富的阅历。

据说在我刚会说话的时候，母亲就亲自教我吟诵诗词。母亲是一位大家闺秀，诗词歌赋无所不通。我对诗词也有很好的悟性，通常在母亲教授几次之后，就能全文背诵。后来随着年龄的增长，我除了吟诗，还会心有灵犀地仿作一首。母亲对我寄托了殷切的期望，决定把我送到学校去，接受更全面、科学的教育。

到学校报到时，因为我的名字"张煐"叫起来不响亮，于是母亲把一个英文名字Eileen音译成中文"爱玲"，给我做了名字。没想到"张爱玲"这个名字后来会伴随我响彻中国文坛。

我上学之后，对文学和绘画都比较感兴趣。课余时间，我就信手涂鸦，写一些短篇小说，或者画几幅漫画。每次我把作品拿给长辈们看，他们都会对我竖起大拇指。

我心里想：到底是我的作品真的好，还是大人们在敷衍我呢？

为了解开心中的疑惑，我悄悄地做出一个决定，把自己的一幅漫画作品拿去报社投稿。如果能够得到报社的肯定，发表出来，我就相信大家说的是真的。

我怀着忐忑的心情把作品寄了出去，然后每天一大早就去门口的邮箱里查看，但是每一次都是失望而归，后来干脆不去看了。

没想到几天之后，家里的用人告诉我，邮箱里有我的一封信。我拿出来打开一看，发现真的是报社寄来的。他们告诉我，我的漫画已经发表了，信里还附有五元钱的稿费。

这是我第一次领到稿费。我高兴得跳了起来，把这个好消息告诉了家里所有的人。

父亲也很高兴，说："这些钱是你自己赚的，就随你自己支配吧！"

我兴冲冲地跑到商场，用生平第一笔稿费犒劳了一下自己。想知道我买的是什么吗？我买了一支当时很流行的大人用的唇膏。

我不知道为什么会想到买唇膏，也许是它让我想起了母亲。那时，我的母亲已经和父亲分手，出国留学去了。我总记得她穿着华丽衣服，用唇膏打扮自己的模样。

父母的离异和当时的社会环境有很大关系。我的父亲作为官宦家的少爷，保留着各种封建习气；母亲曾经受过新派教育，自然看不习惯父亲的做派，因此选择了分道扬镳。

母亲出国后还是很关心我的，每过一段时间就会回国一趟，接我过去小住些日子。从她的身上，我感受到了西方开明、自由的气息。也许正是因为有这样的家庭，我才得天独厚地获得了中国文化与西方文化的双重熏陶。

除了教我文学诗词，母亲还教我弹钢琴。钢琴在当时的中国还是个稀罕物，光是外形就让我有一种说不出的喜欢。当母亲坐在钢琴前演奏时，我简直被深深地迷住了。那独特的琴音如天籁般悦耳，我敢说，

这是我听到的最美妙的声音。后来，母亲教我弹奏钢琴时，我都想象那些音符是有不同的个性的。它们就像是穿戴着鲜艳衣帽携手舞蹈的小人儿，在空气里翩翩起舞。也许正是音乐的力量，激发了我文学创作的想象力。后来在创作的时候，我只要听到钢琴的声音，就会灵感迸发，文如泉涌。

　　后来我上了中学，经常写一些小说、书评和论文在校刊上发表。那些文章让我写作方面的天赋渐渐被人知晓，但我最喜欢的其实是通俗小说。记得有一次，我在书摊上读了一本张恨水的通俗小说，其中曲折多变的情节深深地吸引了我。连续读了几本之后，我突发奇想：

要是我也能写几部通俗小说该多好啊！

酝酿了一番后，我下定决心动笔了。我选取的人物都是《红楼梦》中现成的，有贾宝玉、林黛玉，还有贾政、王夫人、袭人等，不过这些人穿的都是现代人的衣服，说现代人的话，做现代人的事。这也许是文学史上很早的"同人"穿越小说吧。写成后，我给它取了个名字叫《摩登红楼梦》。这篇小说在我的同学中反响很大，也让我找到了自己的写作方向。

但是，"鱼与熊掌不可兼得"，写作的爱好不知不觉影响到了我的学习。为了提高英语水平，我曾经一度放弃用中文写东西，给母亲和姑妈的家信也是用英文来写。这样的强化训练果然很有效果。虽然我的天资不是最好的，所修的课程也并非都是我喜欢的，但我是一个勤奋的好学生，各门功课总是考第一，多次获得学校的各类奖学金。

后来，抗日战争爆发，我就读的学校陷入混乱的状态，我的学习计划也被打乱。我这才又拿起久违的笔，继续陶醉在小说创作的世界里。

就这样，我一步步从旧时代里走出来，时而又回到那个时代里兜个圈儿。中西方的文化在我身上不时碰撞。尽管有着无奈的叹息或丝丝感慨，但我已经找到了自己的舞台。

延伸阅读

充满传奇色彩的女作家

张爱玲是中国现代文学史上非常有才气，也广受争议的女作家之一，一生充满传奇色彩。她的小说大多写的是旧上海没落淑女的传奇故事。她将自己的小说集命名为《传奇》，而她的身世本身也是一部苍凉哀婉的女性传奇。《第一炉香》和《第二炉香》是她的成名作，它们替张爱玲向上海文坛宣布了一颗夺目新星的诞生。之后的《红玫瑰与白玫瑰》《倾城之恋》《金锁记》等，更奠定了她在中国现代文学史上的重要地位。

看书止饿的阅读者——黄永玉

中国人

画家

出生地：湖南省常德市

生活年代：1924年—2023年

主要成就：绘画、雕塑、木刻、文学方面均有涉猎，且自学成才，被誉为"鬼才"；著有《黄永玉全集》等

优点提炼：嗜书如命，博学多才

我出生于湖南常德，但很快就和爸爸妈妈一起回了老家——湘西凤凰。凤凰是一个人见人爱的地方。不是常听人说"上有天堂，下有凤凰"吗？我就特别喜欢这个风景如画、古色古香的老城。老城里可好玩儿了，像什么风筝啊、纸扎啊、蜡染啊、木雕啊，应有尽有。我经常在凤凰

古城里转悠，感到其乐无穷。

生活在这样一个有着浓郁艺术气息的地方，再加上我的爸爸妈妈都是县城里的小学校长，我表叔还是鼎鼎有名的大人物——作家沈从文，受家庭的耳濡目染，我从小就喜欢文学和艺术，立志要做一个像他们一样的文化人。

生活中我是一个极具好奇心的人，一切新鲜好玩儿的事物都能激发我的兴趣。尤其是读书，更能带给我无限的乐趣。不过我爱读的书并不是课堂上教的那种，而是天文地理、艺术音乐等能拓展知识面的书。每当沉浸在书的海洋里，我可以忘了时代的苦难，忘了成长的烦恼，忘了物质上的贫乏，精神上的愉悦总能带给我快乐。

十二岁那年，为了减轻家中的负担，我依依不舍地告别亲爱的家人和美丽的故乡，去遥远的集美中学念初中。在外地，我经常感到孤独。幸好有书陪伴，让我的生活充满了乐趣。

在集美中学的三年，我一有时间就往图书馆跑，有时甚至整天泡在图书馆里。我有个远房姑姑在图书馆当管理员，我对她是又爱又怕。爱自然是因为她是我姑姑，对我还是比较关心的；怕是因为我在学校里的功课并不好，却老喜欢在图书馆看"杂书"。姑姑面子上过不去，认为我这样做耽误了学业，是一种"不务正业"。因此，她经常会数落我几句："看这种书有什么用呀！""功课要加紧啊！""再不把功课补上来，你好意思，我都不好意思了。"谁都不想听别人碎言碎语地唠叨，我也一样。但因为爱读书，我依然每天都去图书馆。

久而久之，我也找到了应付姑姑的好办法，那就是顺着她的心情行事。我会提前做好"功课"，选择姑姑心情好的时候去借书。

姑姑心情好的时候，我就笑嘻嘻地捧着厚厚的一摞书到她面前，她也会笑着说："你呀你，整天读这些好玩儿的书……"这是比较而言很温和的话语了。

"是呀，我就喜欢从书中找乐子。"我总是附和着说，然后笑眯眯地从姑姑手中接过借来的书。这些好看的书我可以躲到寝室里慢慢地读，对我来说真是如获至宝。

若是姑姑心情不好,我就要倒大霉了。免不了被她说一顿,任凭我软磨硬泡,她还是死活不肯把书借给我。于是我巴望着姑姑每天都心情好,那样我就比过节还要高兴。

有一次,实在是糟糕之极——姑姑的脸色阴沉得像大雷雨前的天色一样。我在一旁察言观色,想等着她的心情快点儿转晴。可迟迟不见变化,吓得我不敢上前借书。于是我找到一个偏僻的角落,靠着书架席地而坐,随手拿出一本书,津津有味地看了起来。

这不看不要紧,一看我就被书中有趣的情节吸引了。原来这本书叫《人类和动物的表情》,是举世闻名的大科学家达尔文写的,讲的是人和动物情绪和表情的一些问题。原来人类和动物的情绪和表情在某些方面竟然如此有趣和相似,实在太神奇了,以前都没人认真研究过这个问题。书的内容新奇有趣,没想到达尔文作为一个科学家,文笔会如此优美,丝毫不逊色于文学家。这无疑是一本值得细细品味的好书。

我沉浸在自己读书的快乐中,很快忘记了观察姑姑的心情,甚至忘记了时间,忘记了周围的一切。等我回过神来时,发现空荡荡的图书馆里已经没有了人影,剩下的除了我就是书。

哇,大事不妙,已经到了中午休息时间,图书馆关门了。也就是说,我被反锁在图书馆里啦!这时,我的肚子也咕噜咕噜叫起来了。看来只有熬到下午,等姑姑上班过来开门,才能解救我了。所幸有这么多书陪着我，可以让我"看书止饿"。

下午，姑姑来到图书馆，惊讶地发现我被关在了里面。她吃惊地望着我说："永玉，中午你一直在图书馆里吗？"

"嗯。"我应声答道，手中依然捧着达尔文的那本书。

"那你没吃中饭吧？肚子肯定饿坏了！"姑姑关切地问。

"还好。"实际上在看书过程中，我的肚子已经"造反"无数次了。我敢打包票，此刻的我可以吃下一头牛了。当然牛肯定是没得吃，有碗稀饭吃就很不错啰！

"那你赶快回去吃饭吧。把书带上！"

太好了！就是为了等着借书，我才在这里一直耗着的。终于等到了这句话，我心中十分激动，借本书真不容易啊！

"好嘞！"我以百米冲刺的速度冲到姑姑的桌前，捧起我精心挑选的几本不错的书，什么达尔文、毕加索、鲁迅，把它们都带回了宿舍。

古人常说"书中自有颜如玉，书中自有黄金屋"。我不求颜如玉，也不求黄金屋，只追求阅读的快乐。我凭着自己的兴趣，选择那些有趣的书来读，让我的生活变得充实而精彩。

延伸阅读

一辈子跟着书走不会学坏

黄永玉在中国艺术史上是一朵奇葩。他自学成才,涉猎广泛,在绘画、木刻、雕塑、文学方面都卓有成就。这些成就与他多年的饱览群书不无关系。

九十岁时,黄老依然精神矍铄,坚持每天读书看报,这是他自小养成的好习惯。黄永玉在《黄永玉全集》首发仪式上接受提问时说:"我给年轻人的忠告是,珍惜时间,好好读书,一辈子跟着书走不会学坏。"

一辈子跟着书走,不会学坏。

攀摘皇冠上的明珠
——陈景润

中国人

数学家

出生地：福建省福州市

生活年代：1933年—1996年

主要成就：研究哥德巴赫猜想和其他数论问题的成就，至今仍然在世界上遥遥领先，被誉为"哥德巴赫猜想第一人"

优点提炼：志向远大，坚持梦想

  1933年5月22日，我在福州市郊的胪雷村出生。我的父亲在邮局工作，虽然工资微薄，但也够我们一家人维持生活，这比起普通的家庭要强上很多了。

  在我的孩童时期，日本已经开始了全面侵华战争，战火绵延不绝，社会动荡不安。就是在这种环境中，我磕磕绊绊地成长着。

初中时，我的数学才能便已经崭露头角了。学校发的数学课本，我只用一个星期就能学完一本。

有一次数学考试，我只把考试答案写上去，而没有列上演算过程。数学老师十分奇怪，怀疑我是抄袭。但很多题别人都没有算对，只有我算出了正确答案，这就很奇怪了。

数学老师将我叫过去，问："为什么你的考卷上没有演算过程，只有答案？"

我不好意思地说："因为有些演算过程太复杂，所以我没有写上去。"

数学老师很惊讶，说："这些题都不复杂啊！你把草稿纸拿过来给我看看。"

数学老师看了我的草稿纸，这才发现，每道题我都用了好几种方法运算。有的方法甚至在课堂上都没讲过，是我自学的。

数学老师高兴地说："没想到你已经自学了这么多知识。不过以后考试时，一定要上交演算稿，不然的话，我是不会给你计分的。"

此后，数学老师经常鼓励我，并对我说："一个国家，一个民族要想强大，自然科学不发达是万万不行的，而数学又是自然科学的基础。你有悟性，一定要在这方面好好发展。"

我记住了数学老师的话，更加热爱数学，一直到初中毕业都保持了数学成绩全优的纪录。在战火纷飞的年代，枯燥的数学公式给我带来了最大的乐趣。

初中毕业后，我进入英华书院念高中。在这里，我遇到了对我一生影响很大的数学老师。他叫沈元，曾经当过清华大学航空系主任，在数学界也享有盛名。

有一次，沈老师给我们讲了数学当中的一个难题：德国有一个名叫哥德巴赫的数学家，他在1742年发现，每一个大于2的偶数都可以写成两个素数（也就是质数）的和。他验证了很多数字，都符合这个原理，但却无法用理论证明，所以只能称之为猜想。

后来，哥德巴赫给赫赫有名的瑞士数学家欧拉写信，请他代为证明。欧拉绞尽了脑汁，也不能证明。从此，这个看似简单的问题就成了数学界大名鼎鼎的"哥德巴赫猜想"，吸引着全世界的数学家来研究，但至今都没有解决。

沈老师一说完，教室里就炸开了锅。我们早已经学过素数与合数了，但却不知道还有这样有趣的故事。每个人都摩拳擦掌，显得兴致勃勃。沈老师接着说："自然科学的皇冠是数学，数学的皇冠是数论，哥德巴赫猜想就是数论皇冠上的明珠。每个人都想采摘，但从来没有人成功过。"

有些同学年少轻狂，大声喊道："这有什么难的，我明天就能证明出来。"

沈老师摇了摇头，说："你们在小学三年级就知道素数和合数，但是想要证明这个猜想却很难。不要说明天，就算再过十年、二十年，恐怕你们也很难证明出来。"

"老师，你可不要小看我们。我们一定要证明出来。"

沈老师也笑了，说："不过有一件怪事，我昨晚做梦，梦见你们当中有一位同学，真的证明了哥德巴赫猜想呢！"老师笑着，仿佛自己也清楚这不过是一个梦而已。

但我没有笑，心里忽然有了一点点感悟。我想，说不定我就是沈老师梦中的那个学生。如果我能证明哥德巴赫猜想，就能成为一名真正的数学家了！我一定要努力，不惜一切地努力，早日解决这道难题。

又经过一夜的仔细思考，我终于明白了自己的目标，明白了前面的路该怎么走。我今生别无他求，唯一的目标就是攻克这道难题，解决"哥德巴赫猜想"。

延伸阅读

数学家的传承

二十世纪三十年代初，熊庆来在清华大学当教授。当时有一个年轻人，初中毕业失了学，在家里自学成才，给他寄了一篇代数方程解法的文章。熊庆来一看，觉得这篇文章观点新颖，卓尔不凡，当即把文章的作者请到了清华。这位作者就是华罗庚。

到了二十世纪五十年代中期，陈景润在厦门大学图书馆当管理员，也写了一篇数论方面的文章，寄给了正在主持中国科学院研究工作的华罗庚。华罗庚一看，觉得这篇文章才华横溢，充满了奇光异彩，当即就把陈景润调到了数学研究所。

陈景润能够有后来的成绩，在"哥德巴赫猜想"的证明中树立了一座重要的里程碑，这不得不感谢华罗庚的慧眼识英才。

三代人，三个数学家，两段传奇故事。曾经有一副对联这样描述："熊庆来慧眼识罗庚，华罗庚睿目识景润"。

会移动的黑板——安培

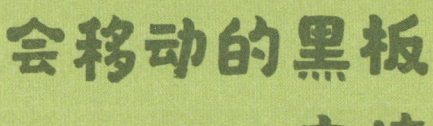

法国人

物理学家

出生地：里昂

生活年代：1775年—1836年

主要成就：推导出电动力学的基本公式，建立电动力学的基本理论

优点提炼：专注

我叫安培，是一个物理学家。从小我就对自然科学、数学和哲学非常感兴趣。我的爸爸思想开放，深受卢梭教育思想的影响，决定让我自学成才。

在我很小的时候，爸爸就为我特别设立了一个藏书丰富的私人图书馆，经常带着我在里面学习。正是这个私人图书馆为我打开了知识殿堂的大门。在这里，我阅读了《科学史》《百科全书》等很多书籍。我像海绵一样，贪婪地吸收知识海洋的养分。

在我五六岁的时候，有一天，爸爸妈妈在讨论家里近半个月的收支情况。爸爸拿着账簿，向妈妈汇报着一笔一笔的收入。我发现，这些都是爸爸以前跟别人说过的账目，那些数字在我脑中清晰地浮现着，我可都记得清清楚楚呢！看着爸爸的眼睛盯着账簿，一眨不眨地，生怕漏掉了哪一项。我就想，不如来帮爸爸一起算吧！

于是，我自告奋勇地走到爸爸跟前，扯扯他的衣角，说："爸爸，我来帮你报吧！"

看着我渴望的眼神，爸爸望了妈妈一眼。妈妈点点头同意了。爸爸便欣然答应："好啊！"

爸爸把账簿递给我，可我没有接。因为账簿上的这些数字已经牢牢地刻在我的脑中了。

爸爸看我没接账簿，就提醒我："快拿着，你照着这上面念就好了。"

我指着自己的小脑袋，自信地说道："爸爸，不用。这些数字都在我脑子里呢！"

接着，我一股脑儿把几十项收入和总数都报了出来。我一边报数，爸爸一边拿着账簿核对。等到我全部报完时，爸爸非常吃惊，大呼："怎

么可能？宝贝儿，你报的账跟我账簿上记录的丝毫不差！"

妈妈听了也喜笑颜开，摸着我的头问道："宝贝儿，你是怎么知道这些账目的啊？"

"我以前听爸爸跟别人提起过这些账目，然后又翻看过一次账簿，于是就记住了。"

这件事情发生以后，爸爸便有意地在记忆力和计算力方面培训我。在数字的加减乘除游戏中，我找到了乐趣，并善于寻找规律。经过一段时间的学习，一般的加减乘除我都不需要笔算，很快就能用口算得出正确的答案了。

有了我这个"活计算器",爸爸再也不用为算账而烦恼了。每次我也乐于帮忙。只要爸爸开始算账了,我就很自觉地凑到他跟前,主动提供帮助。爸爸刚刚报完数,我几乎就能同时报出正确结果来。

当然,要达到这个效果,并不是因为我有过人的天赋,而是因为我在学习中找到了一些有用的方法,而且善于利用一切学习的机会,努力提高自己的运算能力。不过有时候,我也因为做计算题闹过笑话。

有一次,我走在大街上思考着一个数学难题。这可不是以前那种一般的加减乘除,我得用笔进行演算。可在大街上,去哪儿找演算的工具呢?这可难倒我了。就在我着急地四处寻找工具时,忽然想起口袋里还装着一截粉笔呢!这可真是解决了我的燃眉之急。接下来,只要寻找一个可以写字的地方就够了。我抬起头,发现之前还空荡荡的地方突然多了一块木板,心中不由一阵窃喜,这真是"一瞌睡就有人送枕头"啊!

我拿着粉笔就在木板上一条一条地演算起来。不一会儿,木板就被我写满了数字和符号。结果出来了,我终于长出一口气。但为了保险起见,我准备再从头到尾验算一遍,看看有没有什么纰漏。可就在我准备动笔验算的时候,木板突然"跑"了。

这是怎么回事啊?我还没验算完呢!我虽然觉得很奇怪,也顾不上多想,就一路追了上去。这时,街上的人看到我傻傻的样子,都哈哈大笑起来。我这才发现,原来这块木板是马车上的一块挡板。难怪之前这块木板在我面前"从天而降",原来是马车在那里稍微停留了一会儿。

这样的笑话在周围的人看来是不可思议的,而我却乐在其中。正是它们,让我对学习的热情越来越高涨。我相信,只要抱着一颗好学的心,有着专注的态度,任何事情都能学好,也能做好。

延伸阅读

安培先生不在家

安培在学习和研究时,思想高度集中,经常达到忘我的痴迷境界。为了免受别人的打扰,他经常在家门口贴上"安培先生不在家"的字条,这样别人看到字条就不会再来敲门了。

有一天,安培正在家中专心致志地思考一个问题。他思前想后都想不出解决办法,于是决定到外面走走,呼吸一下新鲜空气,希望能对解决这个问题有所帮助。

他一边散步,一边聚精会神地思考。忽然,他想到了什么,便转身往回走,想要回家记录下来。可是当他走到家门口时,看到门口贴着"安培先生不在家"的字条,便喃喃地说道:"安培先生不在家啊,那我还是回去吧!"

于是,安培掉头就走了。哈哈,由于他思考得太认真,竟连自己的家和自己的名字都忘记了。这种忘我的治学境界真让人佩服啊!

钢琴小神童——肖邦

波兰人

作曲家、钢琴家

出生地：华沙附近的小镇热拉佐瓦·沃拉

生活年代：1810年—1849年

主要成就：历史上极具影响力和很受欢迎的钢琴家和作曲家之一，欧洲十九世纪浪漫主义音乐的代表人物，一生创作了很多脍炙人口的钢琴曲

优点提炼：领悟力强，为梦想坚持不懈

1810年，我在波兰的华沙近郊出生，是爸爸妈妈的第二个孩子。爸爸是法国人，移居波兰后在一座庄园当法语家庭教师，妈妈是这座庄园的女管家。虽然我们的家境并不富裕，但是父母总是想办法创造舒适的生活环境，因此我的童年过得非常愉快。

从小我就对钢琴怀有特殊的好感。据说我还是婴儿的时候，每次听到琴声就会嗷嗷大哭。按照妈妈的理解，这可能是我对琴声发出的最初的应和。两三岁的时候，我每次看到妈妈弹琴，都会被深深地吸引，甚至也会动动自己的小手指，敲下几个简单的音符。

记得一个月明星稀的夜晚，妈妈邀请了很多亲朋好友在家里聚会，宽敞明亮的客厅里人头攒动，笑声朗朗。在悠扬的钢琴伴奏中，穿着宴会盛装的小孩子们手拉手欢乐地跳着笑着。而我对于眼前的这一切似乎都没有兴趣，只是站在一个角落里目不转睛地盯着妈妈弹奏的大钢琴。我想：这个黑乎乎的大家伙为什么能发出这么美妙的声音？等我长大了，也要优雅地弹奏它……

宴会结束后，我躺在床上怎么也睡不着，妈妈弹奏的旋律在我的耳边不断回响。最后我跳下床去，来到客厅，学着妈妈的样子弹起琴来。

也不知道弹了多久，我觉得该回去睡觉了，回头一看，却见妈妈穿着睡衣靠在门边，正目光慈祥地望着我。

"妈妈，对不起，吵醒你了！"

妈妈赶忙回答："没有，没有！宝贝儿，刚才是你在弹奏吗？"

"是的，我弹了你在晚宴上弹奏的曲子！"

"没有曲谱，你怎么弹的？"

"我把旋律都记在脑袋里了！"

"天哪，亲爱的，真没想到你的悟性这么高！"妈妈喜极而泣。

从那之后，妈妈发现了我的音乐天赋，经常指导我弹钢琴。为了让我能够学得更好，她还专门给我请了钢琴教师。

因为我的手比较小，按琴键的时候有些困难，于是我想出了一个好办法，就是在自己的每根手指上都套上一个木塞子。久而久之，我的手上磨起了很多水泡，疼痛难忍，最后手指上留下了厚厚的一层茧。

到了七岁的时候，我已经学会谱曲了。八岁之后，我开始登台表演。至今，我还清楚地记得首次登台演奏的情景。

那是一场慈善音乐会，许多有名望的人士都来到音乐厅，表演者也大多是年轻漂亮有知名度的乐手和歌手。但是音乐之城华沙的听众可是很挑剔的，从现场反应来看，那晚的观众们有些失望，不时有人发出抱怨声或者露出失望的眼神。我的表演排在节目单的最后。有些观众一听说我是个从未登过台的小孩子，都准备退场离开了。大家都觉得，一个八岁的小孩儿能有多大能耐呢！但是出于礼貌，大多数观众还是给了我这个机会。上场的时候，我还真有几分胆怯。

我穿着深色的礼服，白白的衬衣上系着一个红色的领结。当我走上台的时候，看到坐在下面的听众，很不自在。正紧张的时候，我瞄见坐在前排的妈妈冲我微微一笑，做了一个放轻松的手势，我的心里顿时平静了许多。

我走向钢琴坐下来，小手放在琴键上，熟练地弹起当时很流行的一首钢琴协奏曲。如果说我确实有什么天赋的话，那就是我能充分理解作曲家创作的每一个细节，即使是一个小小的休止符，我也用心地处理。

一段演奏下来，原本闹哄哄的音乐厅渐渐安静下来了。等全部表演完成，我跳下高高的琴凳，礼貌地向台下鞠躬时，听众席里爆发出热烈的掌声。

"这才是真正的音乐，太不可思议了！"

"好样的，真是太美妙了！"

大家纷纷发出赞叹。我一下台，立即被一群衣着华丽、香水刺鼻的大人们围住了。他们有的摸摸我的脸蛋儿，有的拉拉我的小手，热情得几乎让我觉得快要窒息了。

那天，爸爸妈妈带着我很晚才回到家，我在马车上就累得睡着了。

直到第二天，爸爸看到报纸上登了关于我的消息，才把我叫醒。从此以后，我的名字之前便多了诸如"莫扎特第二""神童""天才"之类的词语……

其实，对于我来说，这样的演奏不是一个制高点，而仅仅是个开始。在后来的演奏生涯中，每次面对成千上万观众期待的目光，我都将自己的深情与执着诉诸指尖，让人们在我的音乐中感受到爱恨和欢乐！

延伸阅读

肖邦与李斯特

有人说："上帝把莫扎特赐给了奥地利，把肖邦赐给了波兰。"这句话充分肯定了肖邦在古典音乐上的成就。不过，肖邦在年轻时也曾有一段时间默默无闻。关于他后来的一举成名，还有个感人的故事呢。

据说，肖邦在巴黎时，通过一个偶然的机会结识了李斯特。

两人一见如故，相见恨晚。当时，李斯特已是闻名遐迩的钢琴王子。当肖邦向他倾诉了目前的处境和自己的抱负后，李斯特决定帮助这个才华横溢的朋友。

恰好李斯特要举办一场个人演奏会。演奏会那天，盛况空前。李斯特身着燕尾服向观众鞠躬致意后，转身坐在钢琴前，准备演奏。那时钢琴演奏会有个规定，就是演奏开始后要把剧场的灯熄灭，以便观众聚精会神地倾听演奏。

灯光暗下来，剧场里静寂无声，观众们都屏气凝神，等待享受李斯特带给他们的美妙的音乐。琴声响起，观众们完全被那美妙的音乐给征服了。

演奏刚一结束，有人便兴奋地高喊："李斯特，再来一首！"可灯一亮，大家都傻了眼。因为钢琴前坐着的根本不是李斯特，而是一位眼中闪着泪花的陌生年轻人——他就是肖邦。

就这样，肖邦一夜之间名扬天下。

中了"魔法"的小面包师
——艾米莉·勃朗特

英国人

作家

出生地：英格兰约克郡

生活年代：1818年—1848年

主要成就：英国天才型女作家，创作了长篇小说《呼啸山庄》及大量优秀诗歌

优点提炼：勤奋，刻苦

我叫艾米莉·勃朗特，出生于英格兰北部约克郡的索顿小镇。在大家眼中，我是一个内向害羞的姑娘。出生后，我随父母搬到了哈沃斯，从此几乎就没有离开过这里。我家附近有一片茫茫荒野，还有溪水潺

潺的谷地，我常常一个人过来散步，有时也会和姐妹们一起玩耍嬉戏，感受大自然的美好。

我家并不富裕，甚至还有些不幸。妈妈在我年幼时就患重病去世了，是姨妈一直照顾我们的饮食起居。爸爸是当地的牧师，只有微薄的收入，家里的生活捉襟见肘是常有的事情。后来姐姐玛利亚和伊丽莎白因为感染伤寒离开了我们，这让全家人的心里蒙上了一层阴影。很长一段时间，爸爸脸上都没露过笑容。经过这些悲伤的打击，家里其他的孩子夏洛蒂、勃兰威尔、安妮，还有我，就更能感受到亲情的可贵，全家人也因此更加相亲相爱。

爸爸每天总是早出晚归，夏洛蒂是我们孩子当中年纪最大的，她每天都要去当家庭教师，好挣钱贴补家用。勃兰威尔上学去了，家里经常只留下我和安妮。我有一大堆的家务要做，洗衣服、买菜、做饭、烤面包……每到了晚上，就是我们姐弟四人的欢乐时光，可热闹了。

受爸爸的影响，我们从小就爱好阅读，喜欢文学。大家聚在一起读书、写诗，或是杜撰些传奇小故事，任凭想象天马行空地驰骋。夏洛蒂是家里公认的大才女，无论写什么，她总能一挥而就。我也不甘示弱，爸爸和姨妈也常夸我的诗写得不错。那当然，因为我最喜欢读诗写诗了，大诗人拜伦可是我的偶像。每当写的东西得到了大家的肯定，我的心里就像吃了蜜糖一样甜。读书的氛围虽好，偶尔也会穿插着一些争论，姊妹们会因为观点的不同争得面红耳赤。但这丝毫不影响我们的感情，况且"一千个读者心中就有一千个哈姆雷特"，大家的意见都是见仁见智罢了。

读书让我接触到形形色色的人物形象，创作让我的想象力得到充分的发挥，情感尽情地释放，既打发了寂寞的时光，又收获了快乐。爸爸书柜里的书已经被我翻过好几遍了。后来我到处借书看，姐姐夏洛蒂也帮我借了不少好书。我总是如饥似渴地享受阅读的美好过程。有时拿到一本好书，可手头上又有活儿要干，于是就出现了这样的画面：我一手做菜一手拿书，有时错把糖当成盐撒进锅里（这当然是吃饭时才发现的）；逛菜市场的时候，我也手不离书，不时偷偷瞄上几眼，可就因这几眼，我好几次差点儿被马车撞倒；厨房里、客厅里随处可见纸和笔，方便我随时记下脑中闪现的诗句。家人因此开我的玩笑，说那些书一定是"魔法师"，将我彻底迷住了。

记得有一次，我费了半天的工夫终于洗完了一大桶衣服，正准备看会儿书，可是又到了做午餐的时间。我把准备好的面包原料放进烤箱，熟练地操作起来。我从书上学到过很多烤面包的小知识，加上实践摸索，操作起来已经熟能生巧了。不是我吹牛，我烤的面包味道棒极了，家人都夸我做的丝毫不比商店里卖的逊色，甚至还有邻居登门向我讨教烤面包的诀窍呢！每次看到家人津津有味地吃着我烤的面包，我就特有成就感。

面包再烤二十分钟就能新鲜出炉了，等夏洛蒂他们回来就可以开

吃了，我美美地想着。难得还有点儿空闲，我便在桌边看起书来。这是一本新借来的书，过两天就要还给人家了，我得抓紧时间看完。看着看着，我就被书里的故事吸引住了。书中的主人公是个小女孩，父母双亡，和奶奶相依为命，可奶奶也突然病倒了。没办法，她只得到大街上乞讨，希望好心人给她一些钱或是一些吃的。可是街上人来人往，却没人搭理她，这可把小女孩急哭了。看到这里，我的眼泪也簌簌地掉下来。我很同情小女孩的遭遇，不禁想到了自己已故的妈妈，心中越发感到悲伤。

"艾米莉，我回来了！"是夏洛蒂回来了，她边跑边喊着我的名字。

我赶紧抹去眼角的泪水。

显然,夏洛蒂察觉到了我的悲伤,就揽着我的肩膀,关切地问:"我的好妹妹,怎么啦?是谁欺负你了?"

我一边抹着眼泪,一边指着书说:"没有啦,书中的小女孩太可怜了!"

"噢!"夏洛蒂笑着安慰我,"我的妹妹就是这么善良,这么多愁善感!小傻瓜,书中的故事是虚构的,不是真的!"我会意地点点头。

"咦,什么味道?好奇怪啊!"

糟糕,我的面包!我一下子从椅子上跳起来,飞一般地冲向厨房。刚刚只顾着看书,忘了烤面包这件事。夏洛蒂好奇地跟着我奔进厨房,看到我从烤箱里端出黑乎乎的"杰作",立刻明白了是怎么回事。夏洛蒂凑过来看了看,笑着说:"看来我们的面包大师也有失手的时候哦!"然后接过我的面包,端到桌上去了。

那天中午,家人吃着我烤煳了的面包,没有一句埋怨,就好像什么都没发生一样。而我心里内疚极了,心想,以后千万不能因为看书耽误重要的事情了。但是到了下次,我一看到书,就又把一切都抛到九霄云外去了。不得不承认,书对我就是有这么大的"魔力",让我总是难以抗拒!

延伸阅读

诗一样的人生

艾米莉·勃朗特和她的姐姐夏洛蒂·勃朗特、妹妹安妮·勃朗特都才华卓著,是英国文学史上三颗璀璨的明珠,她们被称为"勃朗特三姐妹"。

艾米莉的一生像诗歌一样短暂,只度过了短短三十年就离开了人间。然而她的短暂人生却像诗一样精彩。她勤奋刻苦地读书,孜孜不倦地创作,留下了大量优秀的诗歌。尤其是她创作的第一部,也是唯一的一部长篇小说《呼啸山庄》,风格独特、奇幻诡谲,奠定了她在英国文学史,乃至世界文学史上的重要地位,使她被公认为天才型女作家。

将"宝贝"装满衣袋
——法布尔

法国人

博物学家、昆虫学家、作家

出生地：普罗旺斯的圣莱昂

生活年代：1823年—1915年

主要成就：现代昆虫学与动物行为学的先驱，以毕生的时间和精力完成了昆虫学巨著《昆虫记》

优点提炼：善于观察，持之以恒

在我四岁时，爸妈为了减轻生活负担，把我送到了乡下的奶奶家。那里小溪纵横，花草丛生，附近的树林里生活着各种鸟虫和其他可爱的小动物。我一过来，就爱上了奶奶家的白鹅、牛犊和绵羊，迷上了户外大自然中的花草虫鸟。

　　奶奶不识字,除了供我吃饭、穿衣和睡觉之外,什么也教不了我。我和小伙伴们每天在外面疯跑,几乎成了一个"野"孩子。别的伙伴喜欢打土仗、捉迷藏,而我最感兴趣的,却是那些水里的游鱼、空中的飞鸟、花丛中的蝴蝶……

　　鱼儿睡不睡觉？鸟儿长不长牙齿？蝴蝶为什么那么漂亮？我总是向奶奶提出一连串的问题。当然,这些问题从奶奶那里永远得不到答案。可奶奶越是回答不出来,我的好奇心就越强。我决心自己寻找答案,于是观察飞禽和昆虫成了令我着迷的事情。

　　一个深秋的夜晚,我躺在奶奶身边,突然听见屋后的荒草滩里响起一阵"唧——唧唧唧"的虫鸣声,声音清脆好听。这是什么在叫？是蟋蟀？比蟋蟀的声音小多了。是山雀？山雀不会连续叫个不停,更何况在漆黑的夜晚呢。

　　"奶奶,奶奶,这是什么在叫？"我推了一下正在打瞌睡的奶奶。

　　奶奶醒过来,竖着耳朵听了一会儿,迷迷糊糊地答道:"睡吧,也许……是狼。"

　　这怎么会是狼的声音呢？我看奶奶睡着了,就悄悄地穿上鞋,开了门,摸黑到了屋后,想看个究竟。叫声确实是从草丛里发出来的,但时断时续,不容易找出确切位置。我在草丛里边听边找,被野草划破了手指也没觉得疼,但始终没有找到那只小虫。第二天、第三天,我又去找，还是没有找到。因为这个，我郁闷了好长时间。

三年后，家里的生活状况有所好转，爸爸妈妈把我接回了家。他们送我到邻村的一所小学去念书，但我觉得很不适应。幸好老师养了一些猪、鸡、羊、鸽子、黄莺和蜜蜂，还有一只招人喜爱的小刺猬，这才使我留了下来。

我对小动物，特别是昆虫的兴趣越来越浓。一有机会，我就跑到野外去观察昆虫，每次回来，衣袋里都装满了各种各样的虫子，还有蜗牛、贝壳、蘑菇或其他植物。

有一次，衣袋里装满各种昆虫之后，我又看到了一种以前从来没见过的小虫。衣袋里已经放不下了，怎么办？我左手抓起一只，右手也抓起一只。结果一扭头，又看到了一只。我就把右手的虫子放到嘴里含着，腾出右手去抓虫子。突然，我觉得舌头疼了一下，不由得一张嘴巴，虫子跑掉了。回家后时间不长，我的舌头就肿起来了，而且火辣辣地疼。原来，那只虫子有毒。

过了一段时间，爸爸叫我去放鸭子。我把鸭子赶进池塘以后，就去水边逮蝴蝶、捉甲虫，或是蹲在池塘边静静地观察奇妙的水底世界。忽然，一只闪烁着金属光泽的小甲虫从我眼前飞了过去。

"嗬，真漂亮！"我边叫边追了过去。

那只小甲虫好像故意在逗我，等我快要靠近的时候，它马上又飞走了，飞到不远的地方再落下来；可是等我再跑过去，它又飞走了。

费了九牛二虎之力，我终于捉住了它。我仔细观察那只甲虫，只见它的体形比樱桃还要小，颜色比蓝天还要蓝，漂亮极了。

　　我把这个小宝贝小心翼翼地放进一个蜗牛壳里，包上树叶，装进自己的衣袋，打算回家后再好好欣赏。我还捉了其他一些昆虫和捡了好多彩色的石子，把两个衣袋塞得鼓鼓囊囊的。太阳快要落山了，我赶着鸭子满载而归，心里甜滋滋的。回家的路上，我发现一群蚂蚁在搬运一只死苍蝇。蚂蚁们来回穿梭，忙忙碌碌，有的拼命拉拽，有的传递信息调兵遣将……这是多繁忙的劳动场面啊！我又被吸引住了，趴在路边一动不动地观察起蚂蚁的行为来。直到妈妈出来找我，我才想起来回家。

刚一到家，爸爸就怒气冲冲地说："我叫你去放鸭子，你倒好，只顾自己玩！"

他一眼看到我的衣袋，火气更大了，吼道："你都多大了，还捡这些没用的玩意儿？快给我都扔喽！"

妈妈一边翻着我的衣袋，一边帮着爸爸数落我："你捡石子干什么？看看，衣袋都撑破啦！你怎么没记性啊，老是捉小虫子，上次中毒的事你忘了吗？"

我难过极了，眼泪唰唰地往下掉，很不情愿地把心爱的小宝贝扔进了垃圾堆。可是爸爸妈妈的责骂并没能阻止我对昆虫的迷恋。第二天，我仍旧兴致勃勃地捉那些"没用的玩意儿"，把衣袋装得鼓鼓的，背着爸爸妈妈偷偷地玩。因为这些昆虫能带给我无限的乐趣，我怎么舍得放手呢？

延伸阅读

穿着破衣服会客

为了写好《昆虫记》这部书，法布尔天天起早贪黑地观察昆虫，从不想当然地下结论。一天清晨，法布尔起床后，又照例去观察昆虫。

他的妻子拉住他说："昨天晚上你不是说今天早晨有客人要来吗？"

法布尔这才想起有客人要来的事情。不一会儿，门前来了一

破衣服？这叫时尚！

辆马车。法布尔看见一位衣着不俗的绅士从马车上下来，急忙迎上去，把对方迎进了书房。

客人走了之后，法布尔的妻子问："这位客人是谁呀？"

法布尔说："教育部部长。"

"哎呀，你怎么穿着有破洞的衣服去见这么高贵的客人呢？"

法布尔笑着说："我哪件衣服没有破洞啊？"说完，他又去观察昆虫了。

原来，法布尔为了写好关于昆虫的书，到处观察昆虫，树枝、荆棘刮破了他所有的衣服。

后来，法布尔终于依据自己的细心观察，历时三十年写出了经典名著——十卷本《昆虫记》。

伏尔加河边的学习迷
——车尔尼雪夫斯基

俄国人

哲学家、作家

出生地：萨拉托夫城

生活年代：1828年—1889年

主要成就：著有《怎么办？》《艺术对现实的美学关系》《资本与劳动》等文学、哲学作品

优点提炼：意志坚定、勤奋学习

我叫车尔尼雪夫斯基，出生于美丽的伏尔加河边。我爸爸虽是一位平民牧师，却是个很有学问的人。我家有一个图书室，那里收藏着品种繁多的书籍。爸爸一有空闲就会翻阅那些书籍。受爸爸的影响，

我也经常会跟着爸爸泡在我们的家庭图书馆里。

渐渐地,我也爱上了读书。有时候,就算爸爸不在,我也会一个人静静地待在图书馆里,在知识的海洋中畅游。我经常看书入了迷,忘了要吃饭;或者实在是舍不得放下书,就会一边吃饭,一边看书。

一天早晨,我记起昨天那本书还没有看完,书中的那个故事真是感人啊!主人公的命运到底怎么样了呢?我迫切地想要知道结局,因此早上刚起床,顾不上吃饭,就穿好衣服钻进了图书室。我捧起那本书,看着看着眼泪就不自觉地流了下来。这时候,门口响起了妈妈的声音:

"宝贝儿,吃早餐啦!"

门"咯吱"一声被推开,妈妈看到我坐在书桌前泪眼婆娑的样子,

顿时慌了，连忙上前来安慰我。

我却好像仍然被书中悲伤的情绪所缠绕，迟迟抽离不出来。在见到妈妈的那一刻，我更加抑制不住内心的伤感，哭得更伤心了。

妈妈也没了法子，赶紧向爸爸求助。爸爸走进来抱着我，慈祥地问道："宝贝儿，告诉爸爸，发生什么事啦？"

我哽咽着说道："这个故事太伤感了！"

原来是为书中的故事而哭啊！爸妈听了我的话，终于松了一口气，脸上浅浅地露出一丝微笑。爸爸耐心地说："书中的故事不一定都是真的，不要为它太伤心了。我们来看看快乐的故事吧！"

说完，爸爸就从书架上选了几本故事书，递给我说："看了这个，我们就能开心起来啦！"

我接过爸爸为我挑选的书，看了一会儿，这才破涕为笑。要知道，爸爸精心挑选的是普希金和莱蒙托夫的诗，还有狄更斯和乔治·桑的小说，这些都是我最喜欢的书啊！爸爸真是我的知心人！读了几篇诗歌后，我的心情也终于渐渐平复下来了。

其实，我这样"读书犯傻"的事还不止一次呢！爸爸妈妈都对此已经习以为常了。在我平常的生活中，读书占据了我大部分的时间，图书室里的书也全部被我读了个遍。到十岁时，我的阅读量已经相当于一个十五岁的中学生了。到十四岁的时候，我以优异的成绩考进了一所教会中学。

对于新环境，我有着一些美好的憧憬：学校的老师应该是学富五车、温文尔雅的吧？学校里的学习环境也应该充满着自由的气氛吧？但事实往往与理想相差甚远。这所学校里的老师动不动就会对学生进行体罚，教学也没什么章法可言，唯一的法宝就是让学生死记硬背。面对这种让人无法自由呼吸的学习环境，我向爸爸提出回家自学，以后只去学校参加考试。

爸爸很认同我的做法，极力跟学校沟通，终于为我争取到了在家自学的机会。当时我需要学习拉丁语和希腊语。但是作为一个普通的家庭，想要请家庭教师给我辅导，无疑是一个不小的负担。于是，爸爸会趁工作的间隙跑回来半小时，给我辅导一下，然后布置大量的作业给我做。

父亲所教的内容有限，我只能自己寻找新的突破口。有一天，我在外面玩耍时，看到街道上有一位卖水果的大叔，听他说的俄语，总是有些生硬别扭。

"难道他不是俄国人？"我在心里嘀咕着，"如果不是，那又会是哪里来的人呢？"

带着这个疑问，我上前向大叔打听。大叔用蹩脚的俄语告诉我，他是伊朗人。我心中突然生出一个好主意：我可以教他俄语，同时让他教我波斯语啊！

于是，我向大叔说出了我的想法。没想到，大叔满口答应了我的请求。就这样，每天等大叔卖完水果，我就带着他到我家去。我俩盘腿坐在沙发上，咿咿呀呀地互相教起来。经过一段时间的学习，我们俩都大有进步了。

至此，我对语言学习的兴趣也就更加浓厚起来。我掌握了拉丁语、希腊语和波斯语，不过这些并没能满足我的胃口，还有德语、法语、希伯来语……这些我都有兴趣学呢！后来，经过努力，我一步步掌握了这些语言。到十六岁时，我已经通晓七国语言了。这些知识让我在以后的成长中受益良多。

延伸阅读

为对方着想的车尔尼雪夫斯基

车尔尼雪夫斯基年轻的时候，一位医生的女儿瓦西里耶芙娜悄悄地爱上了他。而他对瓦西里耶芙娜也颇有好感，却始终没有向对方表露自己的心声。

终于有一天，车尔尼雪夫斯基忍不住表达了对瓦西里耶芙娜的爱意。当两人谈到结婚问题时，车尔尼雪夫斯基却欲言又止，面露难色。

面对心上人的犹豫，姑娘满心疑惑，用颤抖的声音问道："难道你不够喜欢我吗？"

"不是！"车尔尼雪夫斯基有些无奈地说道。

姑娘不解，继续追问："那你为什么要犹豫呢？"

车尔尼雪夫斯基说："我已经准备把自己献给反对沙皇专制制度的事业。我可能会面临各种各样的危险，也许会受迫害，会进监狱，会被流放，甚至有可能会因此牺牲生命。我无论如何也不能这么自私，不考虑你的幸福……"

听了车尔尼雪夫斯基的话，瓦西里耶芙娜顿时豁然开朗，笑着说："这些我都不怕。我希望能陪在你身边，一起迎接挑战！"

最后，彼此敞开心扉的两人终于结婚了。后来，车尔尼雪夫斯基被沙皇监禁、流放，长达二十六年之久，但瓦西里耶芙娜始终陪伴着他，一直不离不弃。

最爱玩的优等生
——科赫

德国人

医生、细菌学家

出生地：克劳斯特尔

生活年代：1843年—1910年

主要成就：发现炭疽杆菌、霍乱弧菌；分离出伤寒杆菌、结核病细菌；制定科赫法则；1905年获得诺贝尔生理学或医学奖

优点提炼：认真严谨，坚持不懈

爸爸年轻的时候，曾经在欧洲许多国家游历过。从刚记事起，我就经常听爸爸讲那段多姿多彩的游历生活。我对他讲的什么都感兴趣，总是问这问那，脑子里塞满了各种各样的问号。我很崇拜爸爸，决心

要像他一样，长大了走遍千山万水。

我还没有上学的时候，就向爸爸提出要学习写字。爸爸见我求知欲这么强，非常高兴，给我买来了笔和纸，开始教我学写字。过了一段时间，我又向爸爸提出了一个要求："爸爸，我要学摄影。"

爸爸奇怪地问："我的宝贝儿，你怎么又想到学习摄影呢？"

我说："爸爸，您知道，我将来是肯定要做一个旅行家的呀！要是我不会写字，在国外旅行时，我怎么给家里写信呢？要是我不会摄影的话，又怎么能让您和妈妈也看到我所看到的美丽景色呢？"

我的回答让爸爸开心极了。他哈哈大笑着抱起我，不住地在我的小脸上亲吻着。他那满脸的大胡子扎得我痒痒的，惹得我一边"咯咯咯"地笑，一边把小脑袋左右摇晃。

我当一个旅行家的梦想并没有成为现实，因为另外一件事情深深地触动了我的心灵。那是在我七岁那年，妈妈带我到教堂参加一位牧师的哀悼仪式。在回家的路上，我向妈妈提出了一连串的问题："那位牧师得了什么病？全城有那么多的医生，难道都治不好他的病吗？"

妈妈眉宇间掠过一丝哀伤，慢慢地告诉我："牧师先生得的是绝症，是一种让医生们都毫无办法的绝症。"

"绝症难道就真的无法医治吗？"我睁大眼睛不解地问。

"是啊。要是有办法医治，也就不会叫作绝症了。"妈妈叹了一口气，不再作声。

一路上，我的脑子里总萦绕着一个问题：绝症真的无法医治吗？难道真的就没有办法吗？

这一年，我上学了。我学习知识并不吃力，因为我有一套独特的学习方法。在老师和同学们的眼里，我总是不停地在"玩"：用放大镜观察矿石，用显微镜了解细胞，用照相机拍照，在家里养豚鼠、家兔和老母鸡……即使走在路上，听到两个买卖东西的人讨价还价，我也会停下来，默默地帮人家算账。还有一次，我听说鸡属于鸟类，心想：既然鸡属于鸟类，那它就应该能够飞翔呀，怎么顶多见它扑腾几下翅膀呢？

为了证实鸡属于鸟类，我放学回到家里，拿着扫帚满院子追赶那群老母鸡。那些鸡被我追得乱叫，到处乱飞，最后终于有一只"飞"上了屋顶。这种边玩边学的状况，一直伴随着我。

作为班里成绩最出色的学生，校长和老师都特别喜欢我。中学临近毕业的一天，我正在教室里看舅舅送给我的《莎士比亚戏剧集》，一位同学跑过来告诉我："罗伯特，校长叫你。他让你赶快到他的办公室找他。"

我一边走在去校长室的路上，一边奇怪地想：校长突然找我，会有什么事情呢？

到了校长室，白发苍苍的老校长等我坐下来之后，又给我倒了一杯水，然后不慌不忙地说："科赫啊，是这么回事。你不要急，听我慢慢说。啊，我是要问你，你马上就要毕业了，是吧？那么毕业之后，你准备学些什么呢？"

我简直有点儿啼笑皆非。校长这么急急忙忙地把我找来，就是为了问这个呀！

我扬了扬手中的书，对校长说："校长先生，您看，我准备学习文学。我希望自己将来能够做一个像莎士比亚那样的作家。"

校长和蔼地笑了笑，说："当然，我知道你有这个念头。"

"那您的意思是……"我不太理解校长的用意。

"哦，是这样的，我的孩子……"校长不紧不慢地告诉了我他的想法。

原来，阅历无数的老校长通过平时对我的观察，发现尽管我并不是那么遵守纪律，但是我的身上却洋溢着一种投身于科学研究的热情。

他说："我的孩子，你对待一件微不足道的事情，也从不敷衍了事，不把事情弄个水落石出，绝不罢休。我觉得这是一种非常可贵的品质。有了这种品质，一定会做出一番事业来。"

我说："校长先生，照您这么说，我学习文学，不是也能做出一番事业来吗？"

校长点点头，继续说："孩子，我毫不怀疑这一点。不过我认为，你把这种品质用到科学研究方面，会不会更好呢？我知道，你是非常喜爱科学的。"

听到这里，我不由得又想起七岁那年脑子里想过的那个问题：绝症真的无法医治吗？我的心开始动摇了。

这之后，校长又找过我好几次，煞费苦心地劝我，请我仔细考虑，一定要认清自己发展的前途。

我终于做出了决定。十九岁那年，我开始在德国哥廷根大学学习医学，后来更是将一生都投入了医学研究事业。

延伸阅读

科赫轶事两则

（一）

非洲有一种昏睡病，人得了以后，成天昏昏欲睡，神志不清，直到死亡。科赫曾经专门到非洲进行考察，研究这种病。

回国以后，他被邀请到国会去等待高级官员的接见。科赫在等候接见时，大厅里正在召开国家预算委员会会议。他看到许多昏庸的代表在开会时呼呼大睡，忍不住讥讽道："我认为，我历尽千辛万苦在非洲考察是根本没有必要的。专供研究昏睡病用的丰富材料我完全可以在德国得到，只要观察一下国家预算委员会会议上许多代表的行为就行了……"

（二）

有一天，科赫被请到皇宫去为国王看病。

"你给我看病，不能像看别的病人那样！"国王说。

"请原谅，陛下，"科赫非常平静地说，"在我眼里，病人都是国王。"

拥有科学梦的小女孩
——玛丽·居里

法国人

物理学家、化学家

出生地：波兰华沙

生活年代：1867年—1934年

主要成就：发现了放射性元素钋和镭；1903年获诺贝尔物理学奖，1911年获诺贝尔化学奖

优点提炼：独立自主，坚强勇敢，做事专注

我是玛丽·居里，大家都亲切地称呼我为"居里夫人"。其实，我是在嫁给丈夫皮埃尔·居里之后，才获得这个称呼的。小时候，我的名字叫玛丽亚·斯克沃多夫斯卡，家里人都亲昵地叫我"玛妮雅"。

我出生于波兰华沙市一个中学教师的家庭。家里共有五个孩子，我是最小的一个。大家肯定理所当然地认为我会得到家里最多的关心和宠爱。可实际上，我的童年是不幸的，当然，这并不是说家人对我的关爱不够，而是因为在我一岁时，妈妈就患上了传染病——肺病，因此是大姐照顾我长大的。更为不幸的是，妈妈和大姐又在我不满十二岁时相继病逝。

最亲爱的家人离世，让我小小年纪就体会到了生活的艰难。但这并没有把我击垮，反而磨炼出了我坚强勇敢的性格，培养了我独立自主的生活能力。

六岁那年，我去学校念书了。当时我的祖国波兰已完全丧失国家主权，处在沙皇俄国的统治之下，学校的教育课程中设俄语为主课。而且，更让人气愤的是，我们的学习都必须在沙俄监察员的监视下进行，不准学波兰语，不准看波兰书。

后来，学校里的师生开始掀起反抗活动。当沙俄监察员不在的时候，老师就向我们秘密讲授波兰民族反抗侵略的历史，传授波兰的文化和语言，培养我们热爱祖国的感情。回到家里，爸爸和哥哥也会私下里给我讲"压迫会产生反抗""知识就是力量"的道理。

在压迫中降生，在铁蹄下长大的我，虽然年纪还小，不懂得怎样去反抗侵略者，但决不屈服的性格却在我幼小的心灵里燃烧着；为祖国解放而学习的念头，在我的脑海里翻腾着。

学校有位沙俄督学，经常会对我们进行突击检查，测试我们对俄国历史的了解程度。如果小伙伴们回答得不中他的意，他就要追究老师们的责任。为了应付督学的检查，学校在每个教室都设了铃。督学要突击检查时，就会有人拉响铃声发出警报。

一天，督学又来学校进行突击检查了。老师正给我们教授波兰语。听到铃声，大家马上收起波兰语书本。督学走进来，说："给我叫个人过来，我要考一考。"

老师把我叫了出来。督学一脸严肃地对我说："背祈祷书！"

我不慌不忙，用一口流利的俄语背了出来。督学见没有难倒我，继续追问："我们神圣的皇帝是哪几位？"

"叶卡捷琳娜二世、保罗一世、亚历山大一世……"我再一次对答如流。

督学看到我能用流畅的俄语一点儿不差地回答他提出的问题，便有些怀疑地问道："你是在俄国出生的？"

"不，我出生在波兰。"我骄傲地回答。

为了应付这些不定期的检查，我在平时可是付出了很大的努力。我深深地懂得，想要改变国家的命运，更需要攀登科学的高峰。所以，我不仅对学校课程的学习非常勤奋刻苦，对科学更是有着深深的迷恋和眷念。而这份特殊的兴趣，来源于爸爸对科学如饥似渴的钻研精神和强烈的事业心。我十分喜爱爸爸实验室中的各种仪器，后来又读了许多自然科学方面的书籍，更使我急切地渴望探索科学世界。为此，我忘我地学习，刻苦地钻研，不管外面怎么吵闹，都分散不了我的注意力。

有一次，我在看书时，姐姐和同学在我面前唱歌、跳舞、做游戏。当时我完全沉浸在书本的世界中，没有注意到周围发生了什么。姐姐不甘心，想试探一下我。于是，她悄悄在我身后搭起了几张凳子，只要我动一下，凳子就会倒下来。

时间一分一秒地过去了，我读完了一本书，凳子竟仍然竖在那儿一动不动。

当然，这件事我当时并不知情，后来还是姐姐告诉我的。最后，她也受到了我的感染，开始专心地读书了。

延伸阅读

诺贝尔奖之家

居里夫妇不仅自己取得了伟大的科学成就,获得了诺贝尔奖,他们的女儿和女婿同样十分出色,也相继获得了诺贝尔奖:长女伊蕾娜,核物理学家,她与丈夫约里奥因发现人工放射物质而共同获得诺贝尔化学奖;次女艾芙,音乐家、传记作家,其丈夫亨利·拉波易斯曾以联合国儿童基金会执行主任的身份荣获 1965 年的诺贝尔和平奖。

诺贝尔奖之家的诞生与居里夫人的辛勤努力和悉心培养是分不开的。居里夫人开发孩子智力的重要"诀窍"是"把握智力发展的年龄优势"。

早在女儿不足周岁的时候，居里夫人就引导孩子进行幼儿智力体操训练，引导孩子广泛接触陌生人，去动物园观赏动物，教孩子学游泳，去欣赏大自然的美景。孩子稍大一些，她就教她们做一种带艺术色彩的智力体操，教她们唱儿歌、讲童话。再大一些，她就让孩子进行智力训练，教她们识字、弹琴、搞手工制作等，还教她们骑车、骑马。

居里夫人这种"前卫"的教育方式成就了诺贝尔奖之家，也给科学界添上了浓墨重彩的一笔。

"鳄鱼"的求学生涯——卢瑟福

英国人

物理学家、化学家

出生地：新西兰纳尔逊

生活年代：1871年—1937年

主要成就：命名了α射线、β射线；首先发现了放射性元素的半衰期；1908年获得诺贝尔化学奖

优点提炼：勇往直前，百折不回

我的童年生活是愉快的，但也是艰苦的。

我有十二个兄弟姐妹，爸爸当过车轮工匠、木工和农民，妈妈当小学教师，靠他们的收入养活这么一大家子人是非常吃力的。我们兄

弟姐妹从小就知道生活的艰难，从小也懂得要想生活得好一点儿，就得自己动手动脑去创造。上学以后，我听说学习成绩优秀可以得到奖学金，就加倍努力学习。同学们给我起了个外号叫"鳄鱼"，因为鳄鱼从不向后看，就像我在学习上百折不回、勇往直前一样。

我的老师威尔斯先生很负责任，他每天上午正式上课前，总是为求知欲较强的学生另外安排一小时的课程。一天早晨，我起床以后，像平时一样急急忙忙地向学校走去。可是，等我走进校园，整个操场见不到一个人，只听见琅琅的读书声。哎呀，不好，我上学迟到了！

我气喘吁吁地跑到教室门口，擦了擦额头上的汗珠，怯生生地喊："报告！"

威尔斯先生皱了皱眉头，说："进来。"

我的脸红了，赶紧低着头走到自己的座位上。怎么会迟到呢？肯定是今天早上闹钟没响，醒来时已经晚了。难道闹钟昨天掉在地上被摔坏了？我心里想着。

中午回到家里，我第一件事就是冲进自己的房间，拿起闹钟仔细瞧，指针果然不走了。这个闹钟对我太重要了，必须修好！我急忙跑到隔壁钟表店里，说："先生，我的闹钟摔坏了，您能帮我修一下吗？"

店主接过闹钟，瞥了几眼，说："卢瑟福，这个钟这么破旧，修不好了。干脆再买一个吧。"说完，把钟还给了我。

我拿着坏闹钟回到家里，心疼得不得了。吃午饭的时候，我对爸爸谈起了早上迟到的事，最后说："爸爸，我的闹钟坏了。修表师傅说太旧了，修不好了。您给我买一个新闹钟吧。"说着，我把小闹钟递给了爸爸。

爸爸拿过闹钟，仔细看了看，说："孩子，你应该学会自己判断。别人说不行，你自己要好好想一想，是不是真的不行。孩子，什么事都要自己亲自做出判断才行。"听了爸爸的话，我郑重地点点头。

下午放学后，我一回到家，马上一头扎进自己的房间，把小闹钟拆开，一个零件一个零件地检查。妈妈进来叫我吃饭，我说"没空"，连头都不抬。夜已经很深了，我终于检查完了零件，再把零件一个个地安装上。在安装过程中，我发现一个重要的零件找不到了。怎么办

呢？我急得团团转。眼看就要大功告成了，可不能就此放弃啊。我平时不是搜集了很多旧零件嘛，能不能从那里面找到这个零件呢？于是，我弯下腰，从床底下拉出一个箱子，里面是满满一箱旧零件，都是我从别人不要的旧器械、旧玩具上拆下来的。从这个"百宝箱"里，我终于找到了需要的零件。

闹钟修好了，不仅走得很准，而且也可以响铃了。"丁零零……"一串清脆的铃声使我感到无比兴奋。

"孩子，你还没睡吗？"爸爸推门进来。

"哦，爸爸，我终于把它修好了。你瞧，现在它已经完全像新的一样了。"我高兴地说。

"很好。我知道你一定能行。"爸爸微笑着抚摩着我的头，"现在，你该去睡觉了。"

那天夜里我睡得特别香，第二天按时起床，因为小闹钟又准时响铃了。从那以后，我再也没有迟到过。

从中学到大学，我的大部分学费都来自奖学金。大学毕业以后，我申请了大英博览会奖学金。这项奖学金授予学习成绩特别出色、具有培养前途的学生，使他们能够进入久负盛名的英国高等学府深造。我参加了资格考试，结果和一个叫麦克劳林的人都具备录取条件，但名额只有一个。基金委员会经过讨论，决定把奖学金授予麦克劳林。我只好回家，等待以后的机会了。

有一天，我正在菜园里挖马铃薯，妈妈高兴地跑过来，手里挥舞着一张电报纸，一个劲儿地喊："我的孩子，你取上啦！你取上啦！"

我不明白妈妈在说什么，不解地问道："谁取上了？取上什么了？"

妈妈把电报纸给我。我看完电报才明白，是基金委员会改变了主意，决定把奖学金给我。我喜出望外，扔下手中的铁锹，高兴得跳起来："这也许是我挖的最后一个马铃薯啦！"原来，情况发生了变化。麦克劳林已经结婚，想带着妻子一起去英国，可基金会提供的奖学金无论如何也不能养活两个人，所以麦克劳林决定留在新西兰。于是，基金委员会就把奖学金授予了我。

不久，我筹借了路费，告别爸爸妈妈，登上了开往英国的客轮。

延伸阅读

用足够的时间思考

一天深夜，卢瑟福教授走进自己的实验室，看见一个研究生仍勤奋地在实验台前忙碌着。

卢瑟福关心地问："这么晚了，你在做什么？"

研究生回答："我在工作，导师。"

卢瑟福好奇地问："那你白天做什么了？"

研究生认真地回答："也在工作。"

卢瑟福紧接着问："那么，你一整天都在工作吗？"

"是的，导师，我一整天都在工作。"研究生带着谦恭的表情说，期待着卢瑟福的赞许。

卢瑟福稍稍想了一下，然后说："你很勤奋，整天都在工作，这自然是很难得的。可我不能不问你，这样一来，你用什么时间来思考呢？"

卢瑟福对勤奋的质疑，让研究生明白了要用足够的时间来思考的重要性。

出格让我成功
——香奈儿

时装设计师

法国人

出生地：索米尔

生活年代：1883 年—1971 年

主要成就：香奈儿品牌创始人，被《时代周刊》评为二十世纪影响最大的一百人之一

优点提炼：坚毅自信，思维创新

红毯、T 台、镁光灯、珠宝、香水、华美服饰……我一生的大部分时间都是围绕这些元素展开的。人们都说我的一生充满了浪漫的传奇色彩，就连艺术大师毕加索也说我是"欧洲最有灵气的女子"。大

文豪萧伯纳也给了我"世界流行掌门人"的头衔，我深感荣幸。其实，我的存在不是为了这些名头，我的所为只是为了表达内心。

看到这里，你一定想知道我是谁了吧？我叫可可·香奈儿。世界著名的奢侈品牌"香奈儿"就是我创立的。

很小的时候，周围的人都叫我加布里埃。可可这个名字是因为我后来唱了《可可》这首歌而来的。1883年8月的一天，我在法国小城索米尔呱呱坠地。爸爸妈妈都是普通的商贩。妈妈是做手工活儿的好手，从小我就和姐姐朱莉从妈妈那儿学会了穿针引线，刺绣缝花。

"可可让我心醉神迷……可可，我的可可，期待与你相见……"这是我最喜欢唱的一首歌，我经常哼着这首歌欢快地跑回家。可是有一天，我刚进门，就听见妈妈一阵撕心裂肺的咳嗽声。是的，妈妈身体本来就不好，加上操劳过度，最近病情更加严重了。她正给别人赶做一件衣服，剧烈的咳嗽让她弯下了身子，手中的顶针吧嗒掉在了地上打着转儿。站在一旁的朱莉一脸愁容，无助地望着妈妈。

我急忙跑过去，捡起顶针，从妈妈手中夺过针线说："妈妈，以后这些活儿就让我来做吧！"于是，我很熟练地缝起了花边。沉默了一会儿，妈妈对我说："加布里埃，如果有一天，妈妈去了很远很远的地方，你要答应我一件事，好好照顾朱莉……"

"你要去哪儿？"

"虽然你是妹妹，但是你比她坚强能干！"妈妈回避我的问题，颇有深意地说。

"我会的，我会照顾好姐姐，也会照顾好你和大家！"

妈妈看着我，泪水夺眶而出，"我的好孩子！"她边说边把手中的顶针戴在我的手指上。

懵懂的我，根本不知道妈妈说的远方是哪里，更没想到不久之后她真的永远离开了我们，去了最远的地方。

因为没有了妈妈的管束，热衷玩乐的爸爸借故说要去美国赚钱，就把我和姐姐送进当地一座古老的修道院，之后再也没有出现过。

我的少年时期都是在冰冷惨淡的修道院里度过的。那里没有家庭的温暖，没有亲人的依傍，给我的心灵留下了深深的创伤。但我没有自暴自弃，而是变得更加坚强。

修道院里有着各种清规戒律，我却是个活泼好动的女孩，喜欢尝试各种新奇的事物。这在修女们看来，显得有些离经叛道。

打开记忆的闸门，现在的我都羞于提及当年的斑斑劣迹：偷吃厨房刚做出来的新鲜面包；说谎捉弄年长的修女，让她当众出丑；溜到别人的房门口偷听隐私，等等。对这些事我乐此不疲。那时的我或许是太希望得到自由，太渴望引来关注，才会做出一些不符合常规的事情吧。直到后来有一天，修道院的院长找我谈话。

"孩子，你想过以后的出路吗？"

"我想去外面的世界看看！"

"外面的世界并不简单，尤其对你这样没有经验也没有收入的女孩子来说。"

我满怀信心地回答："我会像您教我的那样努力工作！"

不久后，我离开了修道院，来到一个裁缝店当起了工人。虽说每天工作都要超过十二小时，但这里的一切对我来说都是新鲜的。我兢兢业业地努力做好每一件老板交代的事情。

一次，一位贵妇来店里做衣服。她要去参加一个很重要的舞会，因此要做全法国最时尚的衣服。店员们看着贵妇秤砣般的壮硕身材，个个感到心有余而力不足。因为是收了几千法郎的大制作，全体员工夜以继日赶工了好几天。

这天，贵妇过来试穿衣服。全店上上下下都忙碌起来。束腰、腰垫、衬裙、外套……大家忙了半天，终于顺利把这些配件一样一样套在了贵妇的身上。她得意地走到镜子前一看，突然大叫一声："丑死了，我穿上这件衣服，身子竟然像这房子一样宽敞！"

店老板尴尬得不知如何是好，一个劲儿地说好话。

"瞧瞧，瞧瞧，这都成什么样子了？你们把我装扮得这么矮胖，我怎么去见人！"贵妇继续咆哮着。

我忽然想到一个拉长比例的办法，于是跑过去，对贵妇说："夫人，您的这件衣服还没完工。我们还要加入一个设计，会让您的身材更加美艳高挑的。"

于是，我接过贵妇换下来的衣服，用别针把前面的裙边卷到膝盖的位置，后面的裙摆保持不变，肩上再配上同色系的羽毛状的披肩，这样可以遮盖住她手臂上的赘肉。

当贵妇再次穿上这件衣服时，她认真地审视了一番镜中的自己，满意地点了点头。本来像我这样初来乍到的小角色是没有机会说上半句话的，但这次我机智地给老板解了围，之前苛刻的她对我也和颜悦色起来了。我也因自己的想法获得认可而感到高兴，心想：将来我长大了，一定要做一名服装设计师，让全巴黎的人都来穿我设计的衣服。

后来，我又进行了大大小小的尝试，把店里很多平庸的款式改得生动、时尚起来。其中有的设计因为太大胆还引来非议，但这些都没有吓倒我。诚如拿破仑所言，他的字典中没有"困难"二字，我的字典中也找不到"不成功"这个词。就这样，我一步一个脚印，开创了属于自己，也属于世人的时尚事业。

延伸阅读

可可·香奈儿和她的"香奈儿五号"

二十世纪二十年代，时尚设计师可可·香奈儿结识了著名化妆品制造商恩尼斯·鲍。这次邂逅成就了"香奈儿五号"的诞生。

那时女性的香水不是玫瑰花味，就是薰衣草味，香味很单调。从来都追求时尚，做事标新立异的可可却想：有没有什么方法，调制一种富含多种芳香的香水呢？

她把这个想法说给朋友恩尼斯听，并进行了大胆的尝试。

经过精心研制，他们成功地推出了能引爆前所未有的感官体验、凸显女性神秘气质的新品种，并以设计编号和她的幸运数字命名为"香奈儿五号"。这更使得可可名声大振，并成为她一生中的重要事件之一。

自卑少年的自我超越
——卡耐基

美国人

作家、心理学家、人际关系学家

出生地：密苏里州玛丽维尔

生活年代：1888年—1955年

主要成就：美国现代成人教育之父，西方现代人际关系教育的奠基人，被誉为二十世纪最伟大的心灵导师和成功学大师

优点提炼：有自信心，不怕失败

我的爸爸经营着一个小农场，但全家人经常吃不饱，穿不暖。由于营养不良，我长得非常瘦小，一头淡黄中略显灰褐色的乱发，一对与脑袋很不相称的大耳朵，看起来像个丑八怪。

我每天穿着布满补丁的破烂衣服，到离家一里远的一所学校上学。因为贫穷和生理上的缺陷，使我的心里充满了羞惭和恐惧，比别的孩子更多地感受到了生活灰暗的一面。

有一次，我从学校回家时，天空阴沉沉的，乌云翻滚。我孤零零地走在路上，心想：如果天掉下来，会不会砸死我呀？我越想越害怕。突然，空中一道刺眼的闪电过后，轰隆隆一声闷雷在头顶炸开。我被这种景象吓蒙了，脸色苍白地跑回家中，一下子扑进母亲的怀里。

"妈妈，快救我，我要死啦！"

"怎么啦？孩子，发生什么事情了？"

妈妈被弄得莫名其妙，也惊慌起来，一个劲儿地追问发生了什么事。

我结结巴巴地说不出话来，只是瞪大双眼，捂着耳朵，直往母亲怀里躲。费了好一番工夫，妈妈才明白我是被雷电吓坏了。

在以后的日子里，这种无缘无故的烦恼和忧虑经常伴随着我：年景不好时担心以后有没有食物充饥，担心自己的衣着、举止会被女孩子取笑，担心自己有一天会像种子一样被活活埋在泥土里……实际上，这些使我非常担心的事情都没有发生。

上中学以后，我不得不在家里的农场干更多的活儿。因为家里穷，我在学校里永远穿着一件破旧的夹克，看上去总是一副落魄的样子，跟城里的同学有着天壤之别，这使我自惭形秽。

有一次上数学课的时候，老师叫我到黑板前解答问题。我的心怦怦直跳，手忙脚乱地走上讲台后，教室里爆发出一阵大笑声。老师连续做了几个安静的手势都无济于事。

我不知道哪个地方出错了，红着脸尴尬地呆立在讲台上。笑声仍旧不停，老师只好让我回座位。我深深地低着头，异常窘迫地回到座位，好像是上了一次审判台。

下课后，我才明白同学们笑话我的原因。原来，坐在我后面座位上的同学在我的夹克破裂处插了一朵玫瑰花，并在旁边贴了一张字条，写着："我爱你，瑞德·杰克先生。"在英语中，瑞德·杰克和破夹克是谐音词。

受到这样的嘲弄，我难以承受。回家后，我满怀委屈地对妈妈说：

"妈妈,我不想上学了。"

"发生什么啦?戴尔,究竟怎么啦?"妈妈满脸惊讶。

"因为同学们老是笑我穿的破衣服,我不能集中精力听课和思考。"

妈妈静静地看了我大约三分钟,说:"戴尔,你为什么不想办法让他们因为佩服而尊敬你呢?好了,不必伤心,这没什么。今年秋天,我一定给你买套新衣服。"

妈妈的话启发了我,我顶住了精神上的压力,再也没提退学的事。

十六岁那年,我考上了位于瓦伦斯堡的密苏里州州立师范学院。那时候,我家已经卖掉农场,搬到了这所师范学院附近。我负担不起市镇上的生活费用,就住在家里,每天骑马到学校去上课,是全校六百名学生中仅有的五六个住不起市镇的学生之一。我虽然在学校里能拿到全额奖学金,但自卑的心理还是很重。我也想出人头地,也想成为校园里具有特殊影响和名气的人,但怎么才能做到呢?我陷入了深深的思索中。

妈妈说:"你怎么不想想在其他方面超过别人呢?"

对呀,每个人都有优势和劣势,避开劣势、发挥优势就是最佳的人生选择。在学院里有两种人被视为英雄:一种是棒球球员,一种是那些在辩论和演讲中获胜的人。我没有运动员的才华,能不能在演讲比赛上获胜呢?

我把想法跟妈妈一说,妈妈非常支持我。我花了几个月的时间练习演讲，但连续参加十二场比赛都失败了。最后一次比赛失败后，我拖着疲惫的身子，筋疲力尽、意志消沉地在河边久久徘徊。但历经多年的挫折之后，我的抗打击能力已经大大增强了。短暂的消沉之后，我马上又振作精神，决心再次迎接挑战。

从那以后，我每天来到河边，一边踱着步，一边背诵着林肯和戴维斯的名言，并不时地做一些手势和面部表情训练。功夫不负有心人，两年后，我以《童年的记忆》为题发表演讲，获得了勒伯第青年演说家奖。

这次在演讲比赛中获胜，是我走向成功的新的开始。从那一天起，我就知道自己该走怎样的路了……

延伸阅读

卡耐基的演讲训练课

一天，一位公司董事长来到卡耐基的办公室，对卡耐基说："我平时说话一点儿困难也没有。然而一旦站起身，面对大众说话，我就会惊恐万状，一个字也说不出。不过，我也不大相信你能帮得上忙，因为我这毛病太严重了。"

卡耐基说:"您既然认为我帮不上您的忙,干吗还来找我?"

董事长说:"只为了一个原因。我有个会计师,他也是个害羞的家伙,在我面前难得说出一个字来。不过最近,他忽然改头换面了,变得信心十足,神采奕奕。我问他怎么不腼腆了,他说因为参加了你的训练课程。我就是看到他身上的大变化,才来找你的。"

卡耐基告诉这位董事长,定期来上课,并照课程的要求做,不出几星期,就能保证他在众人面前流畅地讲话了。

"你要是真能办到,"董事长说,"那我可就要成为全国最快乐的人了。"

三个月后,卡耐基邀请这位董事长参加一个三千人的聚会,请他谈谈自己在训练中所获得的收益,要求只讲两分钟就行。结果到了那天,这位董事长对着坐在下面的三千名听众,足足说了十多分钟。

在绘画中自由飞翔
——迪士尼

美国人

动画大师、企业家、导演、编剧

出生地：芝加哥

生活年代：1901年—1966年

主要成就：创立了迪士尼公司；创造了许多受世人欢迎的卡通角色，如米老鼠、唐老鸭等

优点提炼：热爱大自然，喜爱绘画

  我叫华特·迪士尼，出生于一个繁华的都市。在我五岁那年，我们家在密苏里州的一个小镇买下一座农场，全家搬迁过去。在那里，我度过了幸福快乐的童年。

  大自然的一切我都十分喜欢。我家门前有几棵古老的柳树，还有

两个果园。我经常沉浸在这美好的田园风光中。当然，农场让我着迷的地方不止这些，还有那些富有生气的动物朋友们。

我的玩伴多得数都数不过来：成群的奶牛、憨憨的小猪、咯咯叫的母鸡、机灵的小野兔……它们是那么可爱，经常陪伴在我左右。我也乐于跟它们追逐嬉戏，还向家里申请照顾它们。我可没把这当成一种工作、一种负担，能与它们一起成长，我每天都过得很开心！

经过一段时间的观察，我对动物们的习性都有所了解了，甚至有些动物的饮食偏好我都能记住。我们之间还会达成某种默契。我觉得它们能听懂我的话，甚至能跟我交谈，分享我的心事。

我给我的小伙伴们都取了名字。有一只乖巧的小母鸡，我叫它玛莎。当我叫它名字的时候，它就会跑过来，蹲在我手里下个蛋。这份亲切感和信任感让我十分得意。

后来，我突发奇想：要是能把它们都画下来，记录下它们成长的样子，该多好啊！这个想法让我兴奋不已。但是我家没有专门用来绘画的纸，我就只好委屈一下大家，先把它们画在草纸上了。后来，姨婆送了我一本图画簿和一盒蜡笔。这可真是雪中送炭，我正缺这些东西呢！

我画的动物多了，也就画得越来越好，还经常受到周围人的夸赞。有一天，一位当地医生找到我，希望我为他的马画一幅画。如果画得好，他还承诺给我一个五分的镍币。

我满口答应下来。不过对于我来说，最大的诱惑不是这笔酬劳，而是我早就想要画马，正愁找不到"模特"呢。接下这个任务之后，我突然又感到稍有些压力：要知道平常我画画都是凭自己的喜好，随性就好，这次是为别人画画，可不能那么随性了。

画马的时候，我可认真了，集中精神，眼神在医生的马和画纸上来回切换，不敢有丝毫懈怠。最后的结果让医生很满意，他也兑现了承诺，给了我五分钱。这让我很高兴，因为这不仅是我第一次用画赚到了钱，而且说明我的画已经得到了别人的认可。它让我坚定了信念，以后一定要走绘画之路。

可是好景不长，在我九岁那年，父亲患上重病，没有精力经营农场了。我们家只好卖掉农场，搬到了密苏里州的堪萨斯城。我还没来得及慢慢适应新环境，全家就面临着生计问题。爸爸身体不好，不能从事过重的体力劳动，只好改行卖报纸。我和哥哥自然就成了他的小帮手。

每天凌晨三点，我就要起床去取报纸，然后送给订户，不论严寒酷暑，都不间断。每天上完课后，我还要挨家挨户送晚报。等回到家时，我就已经累得筋疲力尽了。

虽然我过早地承担起家庭的责任，但我一直让自己保持着应有的生活乐趣。绘画就是我最大的乐趣之一，我在上学期间从没间断过绘画。不过，我喜欢听从自己的内心、遵从自己的想象去画画，因此经常会跟老师规定的固定模式发生冲突。

有一次上美术课时，老师在讲台上摆上一盆花，让我们来画。看着静静摆在讲台上的花，我突然产生一种想对它诉说的愿望，心中微微一动：我何不把它画成一个人呢？

于是，我提起画笔，把花朵画成了一张笑脸，把叶子画成了手。就这样，一个带着生命力的花仙子就诞生了。谁知道老师对我的"创新"不屑一顾，狠狠批评了我一顿，要求我以后扎扎实实地照着现实来画。

老师的规定没有束缚住我的想象力。得不到他的认可，我就偷偷地画给自己看。随着不断练习，我的绘画技艺也有所长进。

有一天，我去理发店理发时，看着店中人姿态各异，突然产生了绘画的欲望。于是，我拿出纸笔，把大家的姿态都画了下来。老板看

到我的绘画，大为赞赏，并把我的画挂在他的店里。后来，老板还邀请我每个星期为他画一幅画，作为回馈，我每个星期都可以去理发店免费剪头发。有这种好事，我当然非常愉快地答应了他。

这件事一直持续到我上中学。后来我转入了芝加哥艺术学院学习，漫画艺术向我敞开了大门。我在那里不停地画，不断摸索绘画技巧，最终走上了动画创作的道路。

延伸阅读

米老鼠的诞生

米老鼠是华特·迪士尼于1928年创作出来的动画形象，是迪士尼公司的代表形象。关于米老鼠的诞生，还有一个有趣的故事。

华特·迪士尼年轻时立志成为一位漫画家。但在成名前，迪士尼经历了一段艰苦的岁月。他由于穷困，只好借用父亲破烂不堪的车库作为工作室，专心画画。那里经常有老鼠出没。

有一天，迪士尼正在冥思苦想时，一只小老鼠竟然跑到桌子上来偷东西吃。看到小老鼠，又想到自己目前的境遇，迪士尼竟然与小老鼠产生了共鸣。他没有赶走小老鼠，反而是逗着它玩起来。小老鼠看到迪士尼很友好，也渐渐胆大起来，经常跑出来蹭吃的，还跟迪士尼一起玩耍。

时间久了，他们俩居然成了一对亲密的好朋友。当然，迪士尼也没闲着，他在跟小老鼠相处的这段时间里，对小老鼠的神情、动作都研究透了。

后来，一个偶然的机会，迪士尼需要设计一个卡通形象。这时，他的好朋友小老鼠蹿进了他的脑海里。迪士尼马上拿起笔，迅速画了几张小老鼠的草图。他的朋友看到后，惊呼太神了，因为小老鼠的神态和动作都跟迪士尼神似。

凭借这个偶然的机会，米老鼠的雏形就此诞生了。

不按常理出牌的小画家——达利

西班牙人　画家

出生地：加泰罗尼亚

生活年代：1904年—1989年

主要成就：二十世纪最有代表性的画家之一，代表作有《记忆的永恒》《内战的预兆》《黄金时代》等

优点提炼：特立独行，勇于创新

我叫达利，这个名字跟我去世的哥哥相同。爸妈为我取这个名字，也是对哥哥的一种怀念。可我从小就桀骜不驯，要用自己的叛逆来证明，我与早逝的哥哥是完全不同的。

我是个时刻充满好奇心的人，同时也是家里的小魔王。我经常会做出一些非常之举，引起别人的注意。我八岁的时候还会尿床，如果大家因为这个嘲笑我，就太不了解我了。我其实并不是因为控制不住而尿床，而是觉得尿床是件很好玩儿的事情。尤其是看到爸妈那因为我尿床而着急狼狈的表情，我更是得意非凡，有种抑制不住调皮的冲动。

除此之外，我还特别喜爱各种奇装异服。有一次，我在节日里收到了一件华丽的王袍、一顶玉石装饰的金冠和一件白绒皮里子的披风。这套象征王权的礼服让我爱不释手。我经常穿戴着它们到处行走，连逛街也穿着。我甚至觉得自己就是一个国王，挥挥权杖就可以享受那至高无上的"王权"。仆人们嘲笑我的怪异举止，可我丝毫不把它放在心上。

虽然我有些调皮捣蛋，但我并不是纯粹瞎胡闹。面对我真正喜欢做的事情，我是丝毫不会开玩笑的。

有一次，爸爸陪着我一起去马德里参加美术学院的入学考试。考试要求我按照古代艺术品画一幅素描，时限为六天。而我的临摹对象就是雅各布·桑索维诺的复制雕像《巴库斯》。

开考后，我大体按照作画程序，有条不紊地进行着。有位老师预言，按照我的绘画水平，只要画出一般水平就能通过选拔。我对自己也有很大的信心，但还是想尽力做到最好。

考试在这样看似平静的氛围中进行着。到第三天的时候，爸爸突然对我说："我今天跟看门人聊天儿，他说你没有遵守考试规定的素描规格，你画得太小了，空白太多了。"

听了爸爸的提醒，我的心猛地一沉，顿时有些慌了神。看到我着急的样子，爸爸小心翼翼地问："你可以重新画一次吗？"

爸爸的话犹如给平静的湖面投入了一颗石头，我心头泛起的涟漪迟迟难以散去。看到我忧愁的表情，爸爸又安慰我："好好睡吧，养足精神，明天再做决定。"

第四天，我决定擦掉原先画好的，重新开始画。可是看到身边的竞争者都已经开始在涂阴影了，只要再润色一下就算大功告成，我心中不禁有些着急起来。

不过着急归着急，现在这种时候最需要的是保持冷静和淡定。于是，我深吸一口气，重新开始画。当天考试结束时，我还只是把之前画的部分擦完，新的构图比例都还没有确定。我走出考场时，爸爸迫不及待地询问我今天的进展。当得知我还没动笔画时，他着实有点儿担忧了。我马上笑着说："别担心，明天的考试我会更有把握的！"

到了第五天，我重新开始作画。虽然之前的画被擦掉了，但是有了前面几天的观察和积累，我不用看临摹对象就可以动笔，于是便一气呵成地完成了画作。

就在我为完成画稿而高兴时，却发现这次又画得太大了，比留出过多的空白更糟糕。如果真的把这幅作品交上去，毫无疑问会落选的。于是，就在这天考试快要结束的时候，我又果断把它全部擦掉了。

等我向爸爸汇报这一天的绘画进展时，爸爸急得脸都变白了，眼睛里噙着泪水。但为了不给我压力，他极力压抑着自己的情绪，安慰我："放心，明天还有一天呢！你平时用不了两小时就能画好一幅素描，我对你很有信心！"

听了爸爸的话，我心中涌起了一股暖流。爸爸接着安慰我说："其实，我们没必要过多在意规格问题，只要素描画得好，大小又有什么关系呢？"

所以，在第六天考试时，我只用了一小时就完成了画作。虽然用的时间短，但是画得很精细，连那些最微妙的阴影处，我都有所顾及。

可就在我最后仔细检查画作时，却发现它比我第一次画的还要小！

这幅画到底算是好还是不好呢？我的心中有种说不出的滋味。

虽然这次考试经历了多重波折，但最后总算有个圆满结局，我被美术学院录取了。学院对我的画作的评语是："虽然此素描并非按照规定尺寸完成，但它极为完美。评委会对它表示认可。"

这件事情之后，我深深地感到，的确没必要过分在意规则。就像爸爸说的那样，只要画得好，大小又有什么关系呢？

延伸阅读

五十岁"重生"
——用行为艺术向艺术致敬

达利五十岁时，决定在意大利的罗马、威尼斯、米兰举办作品回顾展，作为五十岁"重生"的献礼。

巡展开始时，达利蹲进一个仅能容身的箱子里，箱子外布满希伯来咒语和图案。然后由几名壮汉抬着这个箱子进入罗马市区游行展示。他们来到罗马最高山峰上的小皇宫，将箱子安放在日出堂中心的箱架上，四周燃起熊熊的火把，同时宣告：一个伟大的天才将在第二天日出时从箱子里"重生"。

等到第二天日出时,"重生"仪式开始了,人群蜂拥而至。达利顶开箱盖,发表演说,向现场的群众宣布两大讯息:一是画家必须"重生",要不然会永远死去;二是他将改无信仰为有信仰,使"变革"成为"重生"。同时,他强调"现代艺术必须再一次结合过去传统艺术的活力,以作为现代艺术重生的因素"。

这次"重生"仪式引起了社会热烈的反响,达利的画作也获得了一次空前的成功展示。这就是他用自己的行为向艺术致敬的一大创举。

七个小矮人的启示录
——伯尔

德国人

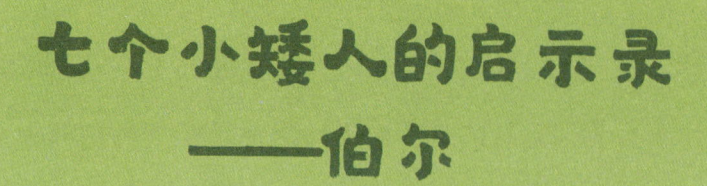

作家

出生地：科隆

生活年代：1917年—1985年

主要成就：1972年获诺贝尔文学奖

优点提炼：爱书成痴，勤奋好学

　　我出生于科隆的一个木匠家庭，是家里的第八个孩子。爸爸专门给当地的教堂雕刻一些手工艺品，每天从早到晚干活儿，挣来的钱却只够一家十口人糊口。对于这样的一个大家庭来说，保证每天不饿肚子才是最首要的事情，而要买本书，简直就是天方夜谭。

可我偏偏非常喜欢读书。没钱买书，我就每天放学后往书店跑，节假日也几乎整天泡在书店里。书店的人都认识我了，知道我家里穷，买不起书，所以，他们从不阻止我看书，让我在书海中尽情遨游。

有一次，我想着前天的《格林童话》还没看完，于是一大早又跑到书店去了。当时书店还没开门，我穿着单薄的衣服，在店门外的寒风中冻得瑟瑟发抖。店门前有一大排台阶，为了增加一点点热量，我便一级一级地从台阶上跳下去又跳上来。慢慢地，身上感到暖和一点儿了。等了好一会儿，门终于开了。我第一个走进了书店，礼貌地向书店里的店员阿姨问好后，熟门熟路地走到书架前，拿起了《格林童话》便急切地翻看起来。

不一会儿，我就完全沉浸在《白雪公主》的故事中了。看着七个小矮人有趣的生活、机智的谈话，我心想：七个小矮人靠自己的劳动养活自己，从来不会饿肚子，也没有人欺负他们。我要像他们一样该多好！

看到七个小矮人救了白雪公主，我又深深地被他们善良的行为所打动，眼睛一下子湿润了。我慌忙用手擦掉就要流出来的泪水，生怕被别人看见笑话我。

那一天我被书迷住了，忘记了时间。直到肚子饿得"咕咕"地叫了起来，我这才想起爸爸要我吃了午饭后给教堂送雕像的事。我依依不舍地放下书，拔腿就往家里跑。

爸爸每天都要我给教堂送一次雕像,再把钱带回来供一家人吃用。每次爸爸都会给我留一点儿零钱,让我第二天上学时在路上买面包吃。虽然那些零钱少得可怜,但我十分珍惜,每天只买一个最小的面包吃,然后把省下来的钱很小心地放到一个铁罐里存起来。我决定存到足够数量的钱以后,就去买一本最喜爱的书。

后来,我的这个计划不得不提前实施了,因为老师宣布为了让同学们开阔视野,多阅读一些课外书,要在同学中开展一项活动,要求每个同学都拿出几本课外书来相互交换阅读。

可我现在连一本自己的课外书也没有啊!如果同学们都有书交出去,唯独我没有,那多丢脸啊!可我铁罐里存的钱还不够买一本书,又不能向爸爸要钱,怎么办呢?我绞尽脑汁,最后想出一个办法:把买面包的钱都省下来,这样,两三天后就能存够钱买一本崭新的书了。

想到几天后将拥有一本自己的新书,我不由得兴奋起来。晚上,我躺在床上,美美地进入了梦乡。在梦里,我拥有了很多很多的新书,一会儿看看这本,一会儿又摸摸那本,都不知道看哪一本才好。

第二天早上醒来,我便在房间四处搜寻:"我的书呢,我的书到哪儿去了?"

房间里空空的,一本新书也没有,我这才知道是做了一个好梦。我心想:总有一天,我会有梦里出现的那么多书的。

在上学的路上,我又经过了那个面包坊。闻着里面奶油面包的香味迎面扑来，我使劲地咽了口口水。

面包坊的老师傅看见我走过来，亲切地跟我打招呼："小伯尔，今天想吃什么面包？我这里有奶油面包、火腿面包，还有新来的葡萄夹心面包。"

我真想吃一个香喷喷的面包，但是新书在向我招手呢！于是，我又咽了口口水，慌忙撒个谎，说："谢谢您，我已经吃过了。"

说完，我撒腿就跑。我必须赶快离开这儿，逃离那阵阵香味带来的巨大诱惑，生怕跑慢一步就会向面包投降了。

上课时，老师在讲台上讲着数学题，可我的肚子在唱"空城计"。早上没吃面包，肚子里空空的。我捂着肚子，在心里默默地安慰说："肚子，你别叫了，我要买一本新书呢。等我把新书买回来，一定把你喂得饱饱的。"

就这样坚持了三天，我终于存够了买一本新书的钱。我抱着小铁罐朝书店走去。来到书店，我人声地对书店里的店员说："您好，我要买一本新书。"

店员惊讶地看着我，说："孩子，你有那么多钱吗？"

"我有，不信您看。"说着，我把小铁罐高高地举起来，摇了摇。铁罐里的硬币发出了清脆的响声。

"你哪来那么多的钱呢？"店员有些不相信。

"是我省下来买面包的钱呀！"

店员叹了口气，说："唉，可怜的孩子！"

说着，她便去书架上拿来了我最喜爱的《格林童话》。

买了新书，我紧紧地把新书抱在胸前，生怕它会逃走似的，一路蹦蹦跳跳地回到了家。

"这本书是我的啦，我有一本新书了！"我喃喃自语着。晚上，我把新书放在枕头下，美美地睡着了。

延伸阅读

战争开启创作之路

大家也许想不到，伯尔1939年曾应征入伍参加第二次世界大战，直至战争结束。更让大家想不到的是，他曾负过伤，也曾当过俘虏。但是能在战争中幸存下来，就已经是件很庆幸的事了。战场的经历让伯尔看到了战争给人类带来的灾难，看到了战争给生活带来的破坏，这让他对战争更加深恶痛绝。于是，他拿起笔，开始审视和抨击战争。

从此以后，伯尔开始了自己的创作之路，并笔耕不辍，创作出许多语言凝练、笔法犀利、关注现实的小说，终于在1972年获得了诺贝尔文学奖。

翩翩起舞的天使
——戴安娜

英国人

慈善天使

出生地：诺福克郡

生活年代：1961年—1997年

主要成就：热衷公益和慈善事业，被尊称为"慈善天使"

优点提炼：善良体贴，富有爱心

　　1961年7月的第一天，我降生于英格兰东部的诺福克郡，是家里排行第三的女儿，取名戴安娜。我所在的斯宾塞家族，据说早在十五世纪就是欧洲最富有的羊商之一，在接下来的几百年里，也一直和王室保持着密切的联系。承祖荫庇佑，我的家族算是十分显赫的。

但是，富足的生活并没有给我带来快乐。爸爸一心想生个男孩继承爵位，妈妈却接连生了三个女儿，这给她带来很大的精神压力。终于，妈妈在我三岁的那年生下了弟弟，但她对现有的贵族生活感到绝望，于是和爸爸分开了。这次家庭变故给我心底留下了很大的创伤。上学后，我和弟弟成了学校里唯一一对父母离异的学生。要知道，离婚在当年可算是稀罕事。

小时候，我经常被大人带到爷爷的奥索普大屋去。在外人看来，那儿富丽堂皇，琳琅满目，简直就是一座博物馆。但我每次经过幽深的走廊，看到两旁挂满离世已久的祖先的画像，就感到毛骨悚然。

相比之下，我更喜欢自己居住的公园屋。那里有充足的房间、宽敞的停车库、清澈的游泳池。开阔的原野与树木拼图般镶嵌在一起，看起来美丽极了。在我的心目中，那儿才是我不折不扣、舒适温馨的家。

虽然伴随我童年记忆的有不友好的古宅、令人厌烦的家族活动和父母各自重组的不和谐家庭，但是我仍然保持着善良乐观的性格。在来访的客人面前，我看起来还是那个无忧无虑的小女孩。我把自己打扮得漂漂亮亮的，一天到晚欢快地忙碌着。

我最喜欢的事情就是在过道里骑那辆蓝色的三轮车，还喜欢用婴儿车推着玩具娃娃在院子里逛来逛去。我还以大姐姐的姿态，派头十足地帮弟弟穿衣戴帽，给毛绒玩具们铺床盖被。家养的很多小宠物也是由我来精心照料。我的宠物包括仓鼠、天竺鼠、兔子、小猫等。每当小宠物不幸死去，我都异常伤心。为了弥补失去它们的遗憾，我还会特地为它们举行葬礼。正是和小动物的相处，培养了我的耐心和爱心。

九岁那年，爸爸把我送到一所贵族学校寄宿。这是我第一次离开家，心中对未来有那么一点点担心，也不太敢跟陌生人接触。课堂上，我总是安安静静的，从不会大声抢答问题，也不会主动要求朗读课文。

记得有一次，学校有一场演出，到处在招募小演员。组织者对我说："戴安娜，我们有一场演出，你也来参加吧！"

我害羞地说："噢，不不不，谢谢。我不太习惯在公众面前讲话！"

"不用担心。你只要扮演一只玩具娃娃就可以了，没有一句台词。"组织者连忙解释道。

我这才勉为其难地接受了。那次简单的表演后，我收获了好人缘。大家都说我跟玩具娃娃一样可爱，从此，越来越多的同学找我一起玩。我突然发现，参加集体活动是一件很美妙的事情。

从那以后，学校各种活动都能看到我在其中参与的身影。那时，我认为舞蹈应该是所有美丽女孩的特长，因此在这方面下了很多苦功。我最擅长的当数芭蕾和踢踏舞了。我更一直梦想着有一天能成为一个芭蕾舞演员，穿着白色小天鹅舞蹈裙，在璀璨灯光下翩翩起舞！有段时间，我对芭蕾舞几乎达到了痴迷的地步，反反复复把经典的《天鹅湖》看了很多遍。舞蹈演员的每一个动作我都熟记于心，他们的一颦一笑也都深深烙印在我的脑海里。

有一次，舞蹈课结束之后，我还留在教室里练习。老师走过来，问："戴安娜，你怎么还没走呢？"

"我想纠正一下不太规范的动作。"

"你已经很棒了！你能告诉我，你为什么这么喜欢跳舞吗？"老师问道。

我想了想，回答说："跳舞可以表达我的情绪！"

"哦？那我再问问你，你都用什么样的情绪来跳舞呢？"

"每当我不开心的时候，我就打开唱机，跟随音乐跳上几小时，所有的烦恼都会烟消云散。开心的日子，我沉浸在舞蹈的世界里，把自己想象成一只无忧无虑的小蝴蝶，自由自在地飞翔……"

老师被我的这一长串话惊呆了，她没想到沉默寡言的我其实内心如此丰富。是啊，我就是一个这样热爱跳舞的孩子。

为了跳舞，我还做过更夸张的事情，三更半夜偷偷起床，蹑手蹑脚溜进学校新的表演教室去练习。偌大的教室里只有我一个人，而四周镜子中反射出不同角度的我。我陶醉在这样寂静又美好的时光中。

终于功夫不负有心人。经过苦练，一个春季学期的期末，我在全校舞蹈比赛中荣获了第一名。当我把这个消息告诉爸爸之后，平时很严肃的他也开心地笑了。

我还经常参加学校举办的公益性的活动，每次都力所能及地帮助一些人，心里的自豪感和成就感也不禁油然而生。老师们还夸我像天使呢！也许我天生就是一个犟着头颈出走童话城堡的小天使！

延伸阅读

戴安娜的社会活动

1991年7月的一天，戴安娜与当时的美国总统夫人芭芭拉·布什一同探访一家医院的艾滋病病房。在与一位艾滋病患者交谈时，戴安娜给了患者一个热情的拥抱。看到高高在上的王妃张开修长的双臂热情拥抱自己，患者顿时被戴安娜的爱心深深地感动了。布什夫人也感动得泣不成声。

戴安娜说过，艾滋病患者更需要温暖的拥抱。她身体力行，实践了自己的诺言。当她拥抱患者的时候，其实也体现了她自身的人格魅力。

曾被篮球队除名的"飞人"
——迈克尔·乔丹

美国人

篮球运动员

出生地：纽约市

生活年代：1963 年至今

主要成就：被称为"空中飞人"，是全世界非常优秀的篮球运动员之一；美国职业篮球联赛（NBA）历史上第一位拥有"世纪运动员"称号的巨星

优点提炼：挑战对手，挑战自我

"我相信我能飞翔，我相信我能触摸到天空。日日夜夜，我想象这一幕，展翅高飞……"这首歌非常贴切地表达了我的想法。你能猜出我是谁了吗？没错，我是美国职业篮球运动员迈克尔·乔丹。

1963年的2月17日，我在纽约的一个贫民区出生了。因为家中孩子多，爸爸微薄的工资根本无法维持家用。也因为家里太穷，我经常受到别人的歧视与冷眼。有时候，我会蹲在家里低矮的屋檐下，默默地看着远山上的夕阳，觉得自己的未来看不到希望，顿时感到异常沮丧。

幸好，我的爸爸并不这么认为。在教育我们方面，他除了让我们从小就体会到"穷人的孩子早当家"的思想之外，还激励我们要努力上进，坚持不懈地挑战自我。

记得九岁那年的夏天，电视上正在转播职业篮球联赛的赛况，我立即被吸引住了，之后，视线几乎就没从屏幕上离开过。从那时起，我就在心底悄悄地埋下了一颗希望的种子：有一天，我也要以篮球运动员的身份出现在电视上！我也要拿冠军！

有了这个愿望之后，我便经常流连于爸爸特地给我们打造的娱乐场地——后院篮球场。在这里，我和哥哥们竞争，向爸爸学习技巧。可以说，他们是我最初的教练和陪练。

由于年纪小，在与他们的多次较量中，我吃尽了苦头。这无疑对我的自信心是个极大的打击。有一天，我又输了比赛，其他人都离开了场地，只有我一个人无精打采地坐在篮球架下。爸爸从那儿路过，看见我垂头丧气的样子，便走过来拍拍我的肩膀说："嘿，年轻人，还有力气和我比试一下吗？"

我望了望他，没好气地回答："是想看到我输得更惨的狼狈相吗？"

"如果你怕输而不应战，永远也不会赢。另外，如果你不想再输，那就赶快站起来。与其自怨自艾，还不如多多努力！"

听了爸爸的话，我不情愿地走向球场。午后的阳光发出金色的光晕，在逆光中，只见一大一小的身影在球场上晃动。

爸爸一边运球一边给我做示范动作。我每次犯规后，他都会将规则给我详细讲解一番。上篮、进攻、防守，他一样不落地训练我……那个下午，我才真正享受到了打篮球的乐趣。

后来，因为身高猛长，学校的篮球教练觉得我是棵好苗子，于是邀请我进了校队。

我们经常代表学校去参赛，赢得了不少比赛。在这段时间，我越来越自信起来。但是好景不长，我遭遇到了一次非常惨痛的经历。

那时，正值校队名单进行调整。迷恋篮球的我一向自我感觉良好，认为自己会稳居校队成员宝座。周一的早上，我和队友史密斯相约一起去学校，路过校运动场布告栏的时候，我和我的小伙伴都惊呆了——我居然不在名单之内，而好友史密斯却榜上有名！

这无疑是一个黑色星期一。我不明不白地被淘汰出局了，一整天都闷闷不乐。放学回家后，我终于不能自已，把自己关在房间里大哭了一场。妈妈下班回来后，见我哭得伤心，焦急地问："宝贝儿，你这是怎么了？"

"我……我被校篮球队除名了……"我刚说完这话，眼泪又止不住地流了下来。

妈妈一时也不知道说什么好，只是把我紧紧抱在怀里。过了一会儿，她说："我相信，校队自然会有他们的原因。可如果你真的那么喜欢篮球的话，我相信你不会放弃的。对吧？"

"可是，我都没有机会上场了！"

"即使没有机会打正式的比赛，你也可以自己多磨炼。只有自己增强了本领，才会有下一次的机会。"

可是，那时的我没能听得进妈妈的劝说，我的心情灰暗到了极点。每当看到那些熟悉的伙伴们在球场上挥汗如雨，运球投篮的时候，我的心里就不是滋味。鲜花不再属于我，掌声也远离了我。整个学期，我都在被遗弃的感觉中度过。

这种颓废的心情一直持续到赛季快要结束的时候。有一天，我终于鼓足勇气找到教练说："教练，虽然我不在校队了，但是我非常喜欢篮球。您能不能还像以前一样指导我？"

教练听后一愣，接着显出一副很为难的样子。我赶紧说："我不是要求上场，只要能随队观看就行！"

看到我真诚的眼神，教练摸了摸我的头说："好吧。下次比赛，你也来吧！"

于是，我获得了一个在现场观看比赛的机会。沉闷的生活终于打开了一扇窗户，明媚的阳光照进来了。

之后，我经常随队出行。忙碌的时候我给球员们拿行李、递毛巾；闲下来的时候，我就模仿他们的动作，自己训练。每天回到家，我都会花上几小时在后院篮球场上苦练。一年过后，我由于进步显著，终于又回到校队了。

就这样，我一步一步地战胜困难，挑战自我，最终走上了"飞人"之路。

延伸阅读

巧用智慧卖衣服

乔丹小的时候，家里很穷，因此爸爸经常让几个孩子做一些力所能及的事情。有一天，爸爸拿着一件破旧的衣服对大家说："孩子们，你们觉得这件衣服值多少钱？"

"这是旧衣服，最多值一美元！"乔丹对爸爸说。

爸爸问："那你能将它卖到两美元吗？"

"这不可能！"乔丹肯定地说。

"没有试过，你怎么知道做不到呢？"爸爸微笑着鼓励道，"家里条件不好，要是你把这件衣服卖出去，也算是给爸爸妈妈帮忙了！"

听了这番话，乔丹懂事地点点头，说："那我去试试吧！"走出家门后，他就开始想，该怎么把这件皱巴巴的衣服推销出去呢。

首先他想到的是要把衣服洗干净。衣服变干净后，还是不平整，这可怎么办呢？这时，他又跑到街上的干洗店，对老板说："老板，您能帮我熨一下这件衣服吗？我没有钱，但是我有力气，我可以给您打扫卫生。您看行吗？"老板见这个小孩子可爱又懂事，就同意了。

　　第二天，乔丹带着这件打理好的衣服来到人流量很大的地铁站口，开始叫卖起来。刚开始的时候，他还有些不好意思。经过几小时的努力，他终于以两美元的价格，成功地把衣服卖给了一个中年人。

　　乔丹高兴极了。当他把两美元交给爸爸时，爸爸高兴地把他抱起来转了几圈。是啊，只有尝试了，才知道自己能不能做到！